Ich Du Wir
Paargedichte

Ich Du Wir

Paargedichte

Herausgegeben von Dieter Hildebrandt

Sanssouci

5 6 7 8 9   13 12 11 10 09

ISBN 978-3-8363-0238-8
© Sanssouci im Carl Hanser Verlag München 2002
Alle Rechte vorbehalten
Satz: Satz für Satz. Barbara Reischmann, Leutkirch
Druck und Bindung: CPI – Ebner & Spiegel, Ulm
Printed in Germany

Inhalt

Adam und Eva
(Statt eines Vorworts)   9

Verständigungsprobe
oder: Wir raufen uns zusammen   11

En passant
oder: One-Night-Ständchen   25

Duales System
oder: O, diese Männer! Oooh, diese Frauen ...   43

Bettgeflüster
oder: Gegensätze ziehen sich aus   59

Bizarres aus der Beziehungskiste
oder: Das ist ja ein Ding!   71

Herzenssachen
oder: Wer wird denn weinen ...?   83

Doppel-Fehler
oder: Weh und Ach und Ehekrach   101

Von mir zu Tier
oder: »In den Augen meines Hundes«   121

Das liebe Fleisch
oder: Von Busen, Bissen und Küssen   131

Schöne Geschichten
oder: Das ist doch nicht Ihr Ernst!   141

Zu guter Letzt
oder: Ganz bei Troste   153

Dieser Erden Glück zu finden
müsset ihr zu Paaren sein.
　Johann Wolfgang von Goethe

Das ist schwer: ein Leben zu zwein.
Nur eins ist noch schwerer: einsam sein.
　　　　　　　　Kurt Tucholsky

Adam und Eva
(Statt eines Vorworts)

Joseph Friedrich Edler von Retzer

Adam an Gott bei Evens Anblick

Kannst du so schöne Sachen
aus meinen Rippen machen,
so nimm, o nimm doch nur noch mehr,
nimm alle meine Rippen, Herr!

Matthias Claudius

Es legte Adam sich im Paradiese schlafen;
da ward aus ihm das Weib geschaffen.
Du armer Vater Adam, du!
Dein erster Schlaf war deine letzte Ruh.

Johann Wolfgang von Goethe

Es ist gut

Bei Mondenschein im Paradeis
Fand Jehova im Schlafe tief
Adam versunken, legte leis
Zur Seit ein Evchen, das auch entschlief.
Da lagen nun, in Erdesschranken,
Gottes zwei lieblichste Gedanken. –
Gut!!! rief er sich zum Meisterlohn,
Er ging sogar nicht gern davon.

Verständigungsprobe
oder: Wir raufen uns zusammen

Horst Bienek

Klatsch am Sonntagmorgen

Wer mit wem?
Die mit dem!
Der mit der?
(Ohne Gewähr)
Sie und er?
Der und er??
Wer ist wer?
Wir mit ihr?
Sie mit dir!
(Am Klavier)
Du mit ihm!
Sie mit ihm!
Ich und du?
Who is who?

Jochen Lobe

Hallo

per sie
per se
per sil
per dauz
per du
per ich
per plex

Robert Gernhardt

Beziehungsgespräch

Sieben Zeilen, sieben nur,
reihn gleich einer Perlenschnur
schimmernd Wort an Widerwort:

Ich bin hier, und du bist dort
Ich bin Herr, und du bist Knecht
Ich bin gut, und du bist schlecht
Ich bin groß, und du bist klein
Ich bin Mensch, und du bist Schwein
Ich bin Nil, und du bist Styx
Ich bin alles, du bist nix.

Hans Sahl

Der Schnittpunkt

Der auf mich zukommt,
geht von mir fort.
Dem ich enteile,
war vor mir dort.
Zeit, die sich aufhebt.
Zu spät oder zu früh.
Die sich begegnen,
begegnen sich nie.

Stanisław Jerzy Lec

Selbdritt

Bin ich einmal mit mir allein,
dann mißtraue ich allen drei'n.

Joachim Ringelnatz

Sehnsucht nach Zufall

Es gibt freiwilliges Allein,
Das doch ein wenig innen blutet.
Verfrühter Gast in einer Schenke sein,
Wo uns derzeit kein Freund vermutet –

Und käme plötzlich doch der Freund herein,
Den gleiche Abenteuer-Wehmut lenkt,
Dann wird es schön! Dann steigt aus schlaffen Träumen
Ein gegenseitig stärkendes Sichbäumen
Und spricht, was in ihm rauh und redlich denkt.

F. W. Bernstein

Identität – ja oder nein?

Bin ich's oder bin ich's nicht?
Wer ist's –, wenn ich's nicht wär?
Ein Reh ist ein Reh im Walddickicht
und selbst der Bär bleibt Bär.

Ich seh mich so – die andern so;
ich weiß oft selbst nicht recht
bin hier ich oder anderswo,
bin Herr ich oder Knecht.

Bin ich ein Fürst? Ein Bettelmann?
Bin Heil'ge ich oder Hur?
Bin ich ein Gi-Ga-Gantenbein?
Oder ein Wuschel nur?

Christa Reinig

Der Andere

Ein andrer läuft in meinen Schuhen
und irgendwer hat meinen Mantel an
Ich lasse das auf sich beruhen
Ich hänge nicht daran

Ich bin so eingewohnt in Mist
und achte nicht mehr auf Behausung
Wenn Goethezweihundertjahrgeburtstag ist
dann geh ich gerade zur Entlausung

Ich schwitze täglich vierzehn Stunden
und schufte und verdiene Geld
Ich hab ihn nur noch nicht gefunden
den andern der es einbehält

Erich Kästner

Elegie, ohne große Worte

Man kann sich selber manchmal gar nicht leiden
und möchte sich vor Wut den Rücken drehn.
Wer will, ob das berechtigt ist, entscheiden?
Doch wer sich kennt, der wird mich schon verstehn.

Wenn eine Straßenbahn vorüberfegte,
kann es passieren, daß man sich höchst wundert,
warum man sich nicht einfach drunterlegte.
Und solche Fälle gibt es über hundert.

Man muß sich stets die gleichen Hände waschen!
Und wer Charakter hat, ist schon beschränkt!
Womit soll man sich denn noch überraschen?
Man muß schon gähnen, wenn man an sich denkt.

Man hängt sich meterlang zum Hals heraus.
In Worte läßt sich so was gar nicht kleiden.
Man blickt sich an – und hält den Blick nicht aus!
Und kann sich (siehe oben) selbst nicht leiden.

Wie gerne wäre man dann dies oder das!
Ein Bild, ein Buch, im Wald ein Meilenstein,
ein Buschwindröschen oder sonst etwas!
Behüt dich Gott, es hat nicht sollen sein.

Jedoch auch solche Tage gehn herum.
Und man fährt fort, sich in die Brust zu werfen.
Der Doktor nickt und sagt: Das sind die Nerven.
Ja, wer zu klug ist, ist schon wieder dumm.

Robert Gernhardt

Ja und Nein

Dreimal Ja und dreimal Nein
machen ein Vielleicht.
Kein Geh weg mehr,
noch kein Komm –
schön, wenn dir das reicht.

Mir reicht's nicht, damit du's weißt.
Gott, geht mir das auf den Geist,
dieses:
Ja, ja, ja, nein, nein, nein –
bleib bloß draußen, doch komm rein.

Hermann Jandl

klassisch

das frauerl hat ihren hund
der hund hat seinen stein
die stein hatte den goethe
aber wen hast du

Paul Klee

Ein Gedicht mit den Reimen

Augen
Brust
Lust
Nacht
gelacht
Schlaf
traf
Gesellen
bestellen
Bäumen
träumen
Herzensnacht

Ernst Jandl

feeling
rohling
darling
frühling

Erich Kästner

Kleines Solo

Einsam bist du sehr alleine.
Aus der Wanduhr tropft die Zeit.
Stehst am Fenster. Starrst auf Steine.
Träumst von Liebe. Glaubst an keine.
Kennst das Leben. Weißt Bescheid.
Einsam bist du sehr alleine –
    und am schlimmsten ist die Einsamkeit zu zweit.

Wünsche gehen auf die Freite.
Glück ist ein verhexter Ort.
Kommt dir nahe. Weicht zur Seite.
Sucht vor Suchenden das Weite.

Ist nie hier. Ist immer dort.
Stehst am Fenster. Starrst auf Steine.
Sehnsucht krallt sich in dein Kleid.
Einsam bist du sehr alleine –
    und am schlimmsten ist die Einsamkeit zu zweit.

Schenkst dich hin. Mit Haut und Haaren.
Magst nicht bleiben, wer du bist.
Liebe treibt die Welt zu Paaren.
Wirst getrieben. Mußt erfahren
    Daß es nicht die Liebe ist ...
Bist sogar im Kuß alleine.
Aus der Wanduhr tropft die Zeit.
Gehst ans Fenster. Starrst auf Steine.
Brauchtest Liebe. Findest keine.
Träumst vom Glück. Und lebst im Leid.
Einsam bist du sehr alleine –
    und am schlimmsten ist die Einsamkeit zu zweit.

Wisława Szymborska

Bahnhof

Meine Nichtankunft in der Stadt N.
erfolgte pünktlich.

Du bist benachrichtigt worden
mit dem nichtabgesandten Brief.

Du schafftest es, zur vorgesehenen Zeit
nicht zu kommen.

Der Zug fuhr ein auf Bahnsteig drei.
Viele Reisende stiegen aus.

In der Menge entfernte sich zum Ausgang
das Fehlen meiner Person.

Einige Frauen vertraten mich
eilig
in dieser Eile.

Zu einer lief jemand, der mir fremd war,
doch sie erkannte ihn
sofort.

Sie tauschten beide
nicht unseren Kuß,
dabei ging nicht mein
Koffer verloren.

Der Bahnhof der Stadt N.
bestand das Examen
in objektivem Dasein mit Gut.

Das Ganze war an seinem Ort.
Die Details rollten
auf vorgezeichneten Gleisen.

Sogar das Treffen
fand wie verabredet statt.

Jenseits der Reichweite
unseres Dabeiseins.

Im verlorenen Paradies
des wahren Scheins.

Woanders.
Woanders.
Wie dieses Wörtchen klingt.

Friederike Kempner

Also doch...?

Wenn der holde Frühling lenzt
Und man sich mit Veilchen kränzt,
Wenn man sich mit festem Muth
Schnittlauch in das Rührei thut,
Kreisen durch des Menschen Säfte
Neue, ungeahnte Kräfte –
Jegliche Verstopfung weicht,
Alle Herzen werden leicht,
Und das meine fragt sich still:
»Ob mich dies Jahr einer will?«

En passant
oder: One-Night-Ständchen

Kurt Schwitters

Fräulein Franke

Wie ein Gedanke
Saß auf der Banke
Ein Fräulein Franke.
Da kam der Herr Piesewitt
Und nahm die Dame mit.
Da hat Piesewitten die schönsten Stunden
In Fräulein Frankes Arm empfunden.

Erich Mühsam

Optimistischer Sechszeiler

Es stand ein Mann am Siegestor,
der an ein Weib sein Herz verlor.

Schaut sich nach ihr die Augen aus,
in Händen einen Blumenstrauß.

Zwar ist das nichts Besunderes.
Ich aber – ich bewunder es.

Helmut Käutner

Am Bahnhof

Auf einem Bahnhof steht ein Zug nach Leipzig.
Und auf dem andern steht ein Zug nach Kiel.
Dann nimmt man Abschied. Und man sagt, man schreibt sich.
Doch schreibt man sich nicht viel.

(nach Friedrich Torberg)

Joachim Ringelnatz

Straßenerlebnisse

Mir ist wieder manches begegnet.
Es hat Bindfaden geregnet.
Das Wasser bepinkelte Straßen und Gassen,
Und ein verregneter Sprengwagenlenker
Fluchte den Regenmacher zum Henker.
Das sollte ein Sprengwagenlenker
Doch lieber unterlassen.

Vor einer grüngekleideten Maid
Blieb ich begeistert stehn.
Sie sagte: ich möchte weitergehn.
Das tat ich.
Ob Mann, ob Frau, im grünen Kleid
Sind beide stets sympathisch.
Im zweiten Fall war ich sehr kühl,
Denn ich entscheide nach Gefühl,
Und mit einer Frau mit konkavem
Popo
Geh ich nun einmal nicht schlafen.
No, no!

Johann Wolfgang von Goethe

Sprichwörtlich

Januar, Februar, März,
du bist mein liebes Herz.
Mai, Juni, Juli, August,
mir ist nichts mehr bewußt.

Alice Walker

Er sagte

Er sagte: Ich möchte, daß du glücklich bist.
Er sagte: Ich liebe dich so sehr.
Dann war er fort.
Zwei Tage war ich glücklich,
Zwei Tage lang liebte er mich so sehr.
Danach war ich auf mich gestellt.

Alfred Kerr

Felicitas

Aus deinem Herzen schlagen Flammen,
    Ich gieße kaltes Wasser drein.
Wir passen, Pute, nicht zusammen,
    Ich würde wenig glücklich sein.

Doch daß vielleicht in künftigen Tagen
    Ein andrer deinen Rücken küßt,
Soll mich nicht hindern, dir zu sagen,
    Daß du ein liebes Mädel bist.

Otto Julius Bierbaum

Wundersames Abenteuer in einem Omnibus und einem Hausflur

Ach, wie schön sie ist, meine Nachbarin!
Blaue Augen hat sie und ein Grübchenkinn,
Blonde Haare steigen ihr vom Nacken an,
Und ich bitte, seht doch, wie sie lachen kann.
Ist wie eine Säule, rund und wohlgestalt,
Und ich schätze höchstens sie auf neunzehn alt.
Eine Augenweide ist sie, ein Genuß!
»Neue Friedrichstraße!« Hält der Omnibus.

Ist sie aufgestanden, will sie gehn; nanu?
Wirft ein Feuerrad sie mir zwei Blicke zu,
Rauscht an mir vorüber; ach, wie schön sie geht,
Und ein Rüchlein Rose aus dem Kleid ihr weht,
Und ich bin gefangen, tappe hinterdrein,
In die Neue Grüne Straße biegt sie ein.

Wo die runde Neune überm Hause steht,
Hat sie sich mit Lächeln nach mir umgedreht,
Ist hineingegangen, und im dunklen Flur
Fühlte ich zwei Lippen und zwei Arme nur,
Stand in einer Rosenwolke; die war heiß;
Doch es sind die Hitzen hold im Paradeis.

Na? Und wie gehts weiter? Weiter gehts nicht mehr.
Mehr hier zu verlangen, unbescheiden wär.

Eugen Roth

Nächtliches Erlebnis

Ein Mensch, der nachts schon ziemlich spät
An ein verworf'nes Weib gerät,
Das schmelzend Bubi zu ihm sagt
Und ihn mit wilden Wünschen plagt,
Fühlt zwar als Mann sich süß belästigt,
Jedoch im Grund bleibt er gefestigt
Und läßt, bedenkend die Gebühren,
Zur Ungebühr sich nicht verführen.
Doch zugleich sparsam und voll Feuer
Bucht er das dann als Abenteuer.

Christa Reinig

Für ein am Straßenrand überfahrenes Fräulein

Autofahrer zu begaukeln
ging sie Täschchenschaukeln
bis einst ein Mercedes kam
und sie auf seine Weise nahm

Werner Finck

Volkslied

Sie macht dem Herrn das Zimmer rein
und klopft die Betten breit
und gießt ihm frisches Wasser ein
und läßt sich Zeit.

Er steht dabei
und sieht ihr zu
und denkt, das könnte gehn.
Er fragt, wie wär's?
Sie sagt: Nanu!
Nachts um halb zehn?

Er ist Student,
sie ist allein
und hat's noch nie getan!
Der Vollmond scheint zum Fenster rein
wie im Roman.

Sie macht dem Herrn das Zimmer rein
und sagt: Jetzt muß ich gehn!
Und gießt ihm frisches Wasser ein
früh um halb zehn.

Eugen Roth

Versäumter Augenblick

Ein Mensch, der beinah mit Gewalt
Auf ein sehr hübsches Mädchen prallt,
Ist ganz verwirrt; er stottert, stutzt
Und läßt den Glücksfall ungenutzt.
Was frommt der Geist, der aufgespart,
Löst ihn nicht Geistesgegenwart?
Der Mensch übt nachts sich noch im Bette,
Wie strahlend er gelächelt hätte.

Paul Wühr

Lüge ich wenn ich
sage ich habe
mit ihr nicht
geschlafen

oder hätte ich
gelogen
wenn ich nicht
mit ihr
geschlafen hätte

oder log ich
als ich mit ihr
schlief

Hermann Hesse

Einer sentimentalen Dame

Gehört' ich zu den Veilchen, Rosen, Nelken,
So wär' es Wonne mir und höchste Pflicht,
an deinem schönen Busen zu verwelken.
Doch eine Blume bin ich leider nicht.

Wir haben hier auf Erden andre Pflichten,
Und was Verwelken u.s.f. betrifft,
So mußt du eben dies allein verrichten.
Stirb wohl, mein Kind, nimm Dolch, Revolver, Gift.

Mir liegt es ob, beschäftigt zu erscheinen,
Harnsäure sondr' ich ab in Form von Gicht.
Vielleicht werd' ich an deinem Grabe weinen.
Doch eine Blume bin ich leider nicht.

Small Talk

Er redet blöde,
sie redet noch blöder.
Er findet sie öde.
Sie ihn noch viel öder.

Er schwärmt für ein Buch,
das er niemals gelesen.
Sie schimpft über Rom,
wo sie niemals gewesen.

Sie lächelt: »Wie geistvoll«
und gähnt dabei halb.
Er nennt sie »Mein Engel«
und denkt sich »Du Kalb«.

So geht es vier Stunden
im selbigen Ton –
man nennt es:
»Ge-bil-de-te Kon-ver-sa-tion.«
(Anonym)

Ogden Nash

Reflections on Ice-Breaking

Candy
Is dandy
But liquor
Is quicker.

Erich Mühsam

Kleiner Roman

Sie lernte Stenographin,
er war Engros-Kommis.
Im Speisewagen traf ihn
ein Blick. Er liebte sie.

Auf einer Haltestelle
brach man die Reise ab,
woselbst er im Hotelle
sie als sein Weib ausgab.

Nicht viel, das man sich fragte.
Doch küßten sie genug.
Und als der Morgen tagte,
ging schon der nächste Zug.

Nach einer kurzen Stunde
fand ihre Fahrt den Schluß.
Er nahm von ihrem Munde
noch einen heißen Kuß.

Er sah sie schnupftuchwinkend
noch stehn zum letztenmal,
und in sein Auge blinkend
sich eine Träne stahl.

Er soll sie heut noch lieben.
Sie war so drall und jung.
Ihr ist ein Kind geblieben
und die Erinnerung.

John Donne

Frauen und Treue

Schon einen vollen Tag liebst du mich jetzt –
Was wirst du sagen, wenn du morgen gehst?
Mißt du dann neue Zeit nach neuem Eid,
    Und sagst, daß heut
Wir andere Leute sind als tags zuvor?
Daß ein Eid, den man abergläubisch schwor
Aus Liebesfurcht, die Gültigkeit verlor?
Daß so, wie echter Tod die Ehen scheidet,
Der Liebesbund, ihr Ebenbild, nur fest
Bindet, bis Schlaf, des Todes Bild, ihn löst?
    Nennst du als Grund, der dich geleitet,
Daß du, die eigne Falschheit kennt und plant,
Dir selbst nur in der Falschheit treu sein kannst?
O Aberwitz! Die Ausflüchte zerpflück
    Ich, wenn ich will, dir Stück für Stück.
    Doch wozu soviel Müh?
Wie du denk ich vielleicht schon morgen früh.

Arno Holz

Er will nicht heurathen!
Ode Trochaica

Weise Venus / nakkt und blohß /
Amor sizzt auff deinem Schooß;
seine Äuglein lustig glizzen /
deine Brüste Flammen sprizzen!

Trunckner bün ich alß Silen /
keiner kan für euch bestehn /
Jüden / Heyden und sälbst Christen
wisst ihr durchauß zu belisten!

Heimlich zwikkts mich biß zum Zeh /
abens / wenn ich extra geh;
doch ich hütte mich beym Naschen /
denn ich will nicht Windeln waschen.

Philurille / spey mich an /
niemahls werde ich dein Mann.
For mein angenehmes Wesen
Hat mich Fillis itzt erlesen.

Alß ich letzt bei Chloen stund /
jükkte gleich-falls mir der Mund;
ach / ihr arg verlehbtes Hertzgen
brännt schon wie ein Raucher-Kertzgen!

Halt mich nicht vor keinen Schwan /
denn ich bün ein Wetter-Han.
Hundert liehbe kleine Dinger
läkken sich nach mir die Finger.

Bey Moscat und Malvasir
pfeiffe ich auf Bitter-Bier.
Mandel-Dutgens find ich nütze /
doch mir graut für Hafer-Grüzze!

Robert Gernhardt

Gelungener Abend

Kommst du mit rein?
Aufn Schluck Wein.

Setzt du dich hin?
Aufn Schluck Gin.

Bleibst du noch hier?
Aufn Schluck Bier.

Gehn wir zur Ruh?
Aufn Schluck Du.

Dorothy Parker

Eine einzelne Rose

Er schickt mir eine Rose nach der Nacht,
   als seine Botin, eine amorose.
Sie duftet in ihrer feuchten Pracht:
   Eine einzelne Rose.

Ich wußte, was der Blumengruß mir sagt:
   Die Liebe ist in ihrem Schoße.
Das Amulett der Wollust, Himmelsmacht:
   Eine einzelne Rose.

Warum hat keiner von allen mir je vermacht
   Eine wirklich umwerfende Chose:
Ein Luxusauto!? Ach, gute Nacht:
   Nur eine einzelne Rose!

Mascha Kaléko

Großstadtliebe

Man lernt sich irgendwo ganz flüchtig kennen
Und gibt sich irgendwann ein Rendezvous.
Ein Irgendwas, – 's ist nicht genau zu nennen –
Verführt dazu, sich gar nicht mehr zu trennen.
Beim zweiten Himbeereis sagt man sich ›du‹.

Man hat sich lieb und ahnt im Grau der Tage
Das Leuchten froher Abendstunden schon.
Man teilt die Alltagssorgen und die Plage,
Man teilt die Freuden der Gehaltszulage,
... Das übrige besorgt das Telephon.

Man trifft sich im Gewühl der Großstadtstraßen.
Zu Hause geht es nicht. Man wohnt möbliert.
– Durch das Gewirr von Lärm und Autorasen,
– Vorbei am Klatsch der Tanten und der Basen
Geht man zu zweien still und unberührt.

Man küßt sich dann und wann auf stillen Bänken,
– Beziehungsweise auf dem Paddelboot.
Erotik muß auf Sonntag sich beschränken.
... Wer denkt daran, an später noch zu denken?
Man spricht konkret und wird nur selten rot.

Man schenkt sich keine Rosen und Narzissen,
Und schickt auch keinen Pagen sich ins Haus.
– Hat man genug von Weekendfahrt und Küssen,
Läßt mans einander durch die Reichspost wissen
Per Stenographenschrift ein Wörtchen: ›aus‹!

Kurt Tucholsky

Auf ein Frollein

Gott Amor zieht die Pfeile aus dem Köcher,
er schießt. Ich bleib betroffen stehn.
Und du machst so verliebte Nasenlöcher ...
Da muß ich wohl zum Angriff übergehn.

»Gestatten Sie ...!« Du kokettierst verständig,
Dein Auge prüft den dicken Knaben stumm.
Der ganze Kino wird in dir lebendig,
du wackelst vorn und wackelst hintenrum.

In deinem Blick sind alle Bumskapellen
der Sonnabendabende, wo was geschieht.
Ich hör dich Butterbrot zum Aal bestellen -
Gott segne deinen lieben Appetit!

Ich führ dich durch Theater und Lokale,
durch Paradiese in der Liebe Land;
du gibst im Auto mir mit einem Male
die manikürte, kleine, dicke Hand.

Aus weiten Hosen seh ich dich entblättern,
halb keusche Jungfrau noch und halb Madame.
Ich laß dich sachte auf die Walstatt klettern ...
Du liebst gediegen, fest und preußisch-stramm.

Und hinterher bereden wir im Dunkeln
die kleinen Kümmernisse vom Büro.
Durch Jalousien die Bogenlampen funkeln ...
Du mußt nach Haus. Das ist nun einmal so.

Ich weiß. Ich weiß. Schon will ich weiterschieben –.
Ich weiß, wie die Berliner Venus labt.
Und doch: noch einmal laß mich lieben
dich
    wie gehabt.

Joachim Ringelnatz

Wupper-Wippchen

Als in Elberfeld wir in der Schwebebahn
Runter auf das Wupperwasser sahn
Und dann plötzlich unsre Blicke hoben
Gen einander ins Gesicht,

Hätten wir uns eigentlich verloben
Können. – Doch wir taten's nicht.
Weil man manchmal in der Schwebe Schweigen
vorzieht. Um bald wieder auszusteigen.

Jörg Burkhard

Verhältnis

manchmal schlafen wir gemeinsam
oder essen zusammen, wir
haben zwei Autos
zwei Wohnungen
zwei Städte
zwei Berufe
und uns

Duales System
oder: O, diese Männer!
Oooh, diese Frauen ...

Dorothy Parker

Männer

Zuerst bist du ihr Morgenstern.
So wie du bist, hat man dich gern.
Doch läßt du dich dann auf sie ein,
Beginnen sie mit Nörgelein.
Und hast du richtig angebandelt,
Dann wirst du rundherum verwandelt.
Dein ganzes Naturell, das schwör ich,
Ist ihnen plötzlich ungehörig.
Sie mäkeln, kritisieren nur
An Stil, Charakter und Frisur.
Nichts gilt, was man bewundert hat.
O – hab ich diese Männer satt!

Robert Gernhardt

Schweigen und Freude

Es ist viel Schweigen
zwischen Männern und Frauen.
Viel Fremdheit auch,
wenn sie einander beschauen,
und Kummer.

Es eint viel Freude
die, die sich lieben,
Frauen und Männner. Sie
lächeln und schieben
noch eine Nummer.

Ulla Hahn

Gibt es eine weibliche Ästhetik

Ich sehe deine Augen
mit den hängenden
Lidern am Kinn
Fettfalten die Stirn
gefurcht deine
dünnen spitzen
Ohren überm fahlen
Haar die
kahle Stelle
am Hinterkopf ich
denke du bist
von allen Männern
der schönste.

Wisława Szymborska

Gewohnte Heimkehr

Er kam zurück. Sagte nichts.
Es war aber klar, daß er Ärger hatte.
Legte sich hin in Klamotten.
Verbarg den Kopf unter der Decke.
Zog die Knie an.
Er ist etwa vierzig, doch nicht in diesem Moment.
Er ist – aber nur soviel wie damals im Mutterleib,
unter den sieben Häuten, im schützenden Dunkel.
Morgen wird er den Vortrag halten über Homöostase
in der metagalaktischen Kosmonautik.
Vorläufig liegt er zusammengerollt und schläft.

Alice Walker

Warnung

Um einen Mann ganz zu lieben
liebe ihn
Füße vorweg
   hängenden Kopfs
   die Augen kalt
   geschlossen
in Niedergeschlagenheit.

Es ist zu einfach
einen Surfer zu lieben
weiße Augen
Göttlichkeit &
           Bronze
bei strahlender Sonne.

Johannes Matthias Dreyer

Die Männer

Die Männer sind nun so.
Sie sind bei allem Überlegen
doch leicht zu allem zu bewegen.
So schwach ihr Vater Adam war,
so schwach sind sie noch dieses Jahr.
Die Männer sind nun so.

Die Männer sind nun so.
Sie pochen auf der Mannheit Stärke
und tun doch keine Wunderwerke.
Oft tragen sie die Nase hoch,
und Nas und Schein betrügen doch.
Die Männer sind nun so.

Die Männer sind nun so.
Wir spricht ihr Hochmut, wir alleine,
wir reden nur in der Gemeine!
Und da macht sich ihr Unverstand
ehrwürdig und zugleich bekannt.
Die Männer sind nun so.

Die Männer sind nun so.
Sie wissen mit Geschenk und Schwüren
zwar leicht die Schönen zu verführen,
doch ohne Schwur, Geschenk und Müh
verführt bald die Verführte sie.
Die Männer sind nun so.

Die Männer sind nun so.
Sie lassen in den heilgen Ehen
sich als gestrenge Herren sehen.
Der Zepter ist für sie, allein
bei Zeptern müssen Kronen sein.
Die Männer sind nun so.

Paar-odie

Friedrich Schiller

Ehret die Frauen, sie flechten und weben
Himmlische Kränze ins irdische Leben.

Alfred Kerr

Wehret den Frauen, sie klammern und kleben,
Klägliche Kletten, am männlichen Leben.

August Wilhelm Schlegel

Ehret die Frauen! Sie stricken die Strümpfe,
wollig und warm, zu durchwaten die Sümpfe,
flicken zerrissene Pantalons aus;
kochen dem Manne die kräftigen Suppen,
putzen den Kindern die niedlichen Puppen,
halten mit mäßigem Wochengeld Haus.
   Doch der Mann, der tölpelhafte,
   findet am Zarten nicht Geschmack.
   Zum gegornen Gerstensafte
   raucht er immerfort Tabak;
   brummt wie Bären an der Kette,
   knufft die Kinder spat und fruh,
   und dem Weibchen nachts im Bette
   kehrt er gleich den Rücken zu usw.

Sita Steen

Ein Glied von Schillers Locke

Und drinnen waltet die putzsüchtige Hausfrau:
Sie füttert im Stalle die hochfrüchtge Haussau,
die Mutter der Vierpfünder,
mit Futter für vier Münder,
und lebet weise
und webet leise
und lehret die Mädchen
und mehret die Lädchen
und strickelt und webet
und wickelt und strebet,
Gewinne zu mehren,
der Minne zu wehren,
und müht sich ohn' Ende, mit Fleiße zu sticken,
die Strümpfe zu stopfen, die Steiße zu flicken,
und füllet mit Schätzen und hehren Laken
die Schreine, die Truhen, die leeren Haken
und spinnet zum Faden die schimmernde Wolle
und findet zum Spaten die wimmernde Scholle
und nutzet die Kräfte und ganze Glut
und zeigt sich im festlichen Glanze gut –
trotz scheußlichem Harm –
mit häuslichem Charme!

Robert Gernhardt

Alle oder nichts

Der da! Wie ist er so allein!
Da kommen sieben Frauen rein,
ihn herzlich zu begrüßen.
Zwei reiben ihm die Wangen warm,
zwei lagern sich in seinen Arm
und zwei zu seinen Füßen.
Die siebte aber! Ach! Sie schweigt!
Nicht ab-, doch auch nicht zugeneigt
nippt sie zerstreut vom Wein:
Der da! Wie fühlt er sich allein!

Peter Rosegger

Das Weib ist eine Nuß;
die man aufbeißen muß;
dem Manne Gott genad,
der keine Zähne mehr hat.

Paul Heyse

Hüte dich, wahllos einzustimmen,
wenn Lästerzungen die Frauen kränken!
Man kann nicht schlimm genug von den schlimmen,
nicht gut genug von den guten denken.

Marina Zwetajewa

Im fatalen Folianten
Nichts was einen Reiz enthält
Für eine Frau. *Ars amandi*
Ist für sie – die ganze Welt.

Herz – von allen Liebesträcken
Der Trank, der am besten trifft.
Frau – seit ihrer Wiege längst schon
Sünde, irgendwessen Gift.

Ach, wie fern ist uns der Himmel!
Lippen - nah im Dunkel und vertraut ...
Richte nicht, du Gott! Denn niemals
Warst du auf Erden eine Frau!

Wilhelm Petersen

Sitten und Zeiten

Vor alters zankten sich, die Wahrheit aufzuklären,
Gelehrte, ob die Weiber Menschen wären.
Jüngst fragten Gecken und galante Bengel:
»Sind sie nicht Engel?«

Robert Gernhardt

Paargesang

Was mir gehört
Was dir gehört
Wir scheren uns nicht drum
Ich nehme, denn ich bin gescheit
Du gibst, denn du bist dumm.

Was mir gefällt
Was dir gefällt
Das ist doch alles eins
Ich kriege schon mein Stück vom Glück
Und wenn ich will, auch deins.

Was mir gebricht
Was dir gebricht
Uns ist das einerlei
Ich weiß ja nicht, was Mangel ist
Denn du entsagst für zwei.

Arthur Schnitzler

An so manche

Du bist ein Weib wie andere Weiber mehr
Und warum sollt ich Dir zumeist vertrauen?
Da mich noch jede fast betrog bisher,
Sollt ich auf Deine Treue fester bauen?

Ich weiß, wie leicht verliebt die Frauen sind.
Um ihre Treue ist mir nimmer bange,
Versprich drum nicht zu viel, mein liebes Kind
Und schwöre mir nicht mehr als ich verlange.

Johann Wolfgang von Goethe

Ich wünsche mir eine hübsche Frau
die nicht alles nähme gar zu genau,
doch aber zugleich am besten verstände,
wie ich mich selbst am besten befände.

Christian Felix Weisse

Die Vorsicht

Mutter

Seht doch die kleine Närrin an!
Wie ist ihr schon so wohl zumute!
Kaum fürchtet sie nicht mehr die Rute,
so will sie auch schon einen Mann.

Tochter

Mamachen, ach! Sie sagten ja,
als Julchen einen Sohn bekommen:
Wenn sie nur einen Mann genommen,
so wär nicht der Spektakel da.

Barthold Hinrich Brockes

Die Frau

Ein reiches Weib schafft dir Bequemlichkeit,
ein kluges Weib vertreibt die lange Zeit,
ein Weib von hohem Rang und vielen Ahnen
kann uns den Weg zum Ahnentempel bahnen.
Die Vorteil', ich gestehs, sind Vorteil' in der Tat,
doch lange nicht so groß, als wenn man keines hat.

Johann Wilhelm Ludwig Gleim

Die Revue

Was lieb ich doch für Schönen?
Ich liebe die Helenen,
Die Hanchen und die Fiekchen,
Die Lieschen und die Miekchen,
Die Willigen, die Spröden,
Die Freundlichen, die Blöden,
Die Zärtlichen, die Netten,
Die Schlanken, die Brunetten.
Ich liebe die Blondinen
Mit zarten Venusmienen,
Und die mit treuen Herzen,
Und die so witzig scherzen,
Und die mit edlen Seelen,
Die mich zum Schatz erwählen.
Ich hasse nur die Schönen,
Die dich, o Liebe, höhnen,
Die mit nicht edlen Trieben,
Und die, so mich nicht lieben.

Kurt Tucholsky

Lamento

Der deutsche Mann
                Mann
                          Mann –
das ist der unverstandene Mann.
    Er hat ein Geschäft, und er hat eine Pflicht.
    Er hat einen Sitz im Oberamtsgericht.
    Er hat auch eine Frau – das weiß er aber nicht.
      Er sagt: »Mein liebes Kind ...« und ist sonst
                            ganz vergnügt –
    Er ist ein Mann. Und das
                      genügt.

Der deutsche Mann
                Mann
                          Mann –
das ist der unverstandene Mann.
    Die Frau versteht ja doch nichts, von dem, was
                                  ihn quält.
    Die Frau ist dazu da, daß sie die Kragen zählt.
    Die Frau ist daran schuld, wenn ihm ein Hemdknopf
                                          fehlt.
      Und kommt es einmal vor, daß er die Frau
                                betrügt.
    Er ist ein Mann. Und das
                      genügt.

Der deutsche Mann
                 Mann
                             Mann –
das ist der unverstandene Mann.
   Er gibt sich nicht viel Mühe, wenn er die Frau
                                  umgirrt.
  Und kriegt er nicht die eine, kommt die andere
                               angeschwirrt.
 Daher der deutsche Mann denn stets befriedigt
                                     wird.
    Hauptsache ist, daß sie bequem und sich
                           gehorsam fügt.
    Denn er ist Mann. Und das
                       genügt.

Der deutsche Mann
                 Mann
                             Mann –
das ist der unverstandene Mann.
  Er flirtet nicht mit seiner Frau. Er kauft ihr doch
                                 den Hut!
 Sie sieht ihn von der Seite an, wenn er so
                           schnarchend ruht
Ein kleines bißchen Zärtlichkeit – und alles wäre gut.
  Er ist ein Beamter der Liebe. Er läßt sich gehn.
  Er hat sie doch geheiratet – was soll jetzt
                           noch geschehn?
 Der Mensch, der soll nicht scheiden, was Gott
                           zusammenfügt.
  Er ist ein Mann. Und das
                     genügt.

Johann Wolfgang von Goethe

Entschuldigung

Du verklagest das Weib, sie schwanke von einem zum andern!
Tadle sie nicht: sie sucht einen beständigen Mann.

Gotthold Ephraim Lessing

Das böse Weib

Ein einzig böses Weib lebt höchstens in der Welt:
Nur schlimm, daß jeder seins für dieses einz'ge hält.

Friedrich Nietzsche

Mann und Weib

»Raub dir das Weib, für das dein Herze fühlt!« –
So denkt der Mann; das Weib raubt nicht, es stiehlt.

**Bettgeflüster
oder: Gegensätze ziehen sich aus**

Wilhelm Busch

Was soll ich nur von eurer Liebe glauben?

Was soll ich nur von eurer Liebe glauben?
Was kriecht ihr immer so in dunkle Lauben?
Wozu das ewge Flüstern und Gemunkel?
Das scheinen höchst verdächtige Geschichten.
Und selbst die besten ehelichen Pflichten,
Von allem Tun die schönste Tätigkeit,
In Tempeln von des Priesters Hand geweiht,
Ihr hüllt sie in ein schuldbewußtes Dunkel.

Robert Gernhardt

Ermunterung

Hallo, süße Kleine,
komm mit mir ins Reine!

Hier im Reinen ist es schön,
viel schöner, als im Schmutz zu stehn.

Hier gibt es lauter reine Sachen,
die können wir jetzt schmutzig machen.

Schmutz kann man nicht beschmutzen,
laß uns die Reinheit nutzen.

Sie derart zu verdrecken,
das Bettchen und die Decken.

Die Laken und die Kissen,
daß alle Leute wissen:

Wir haben alles vollgesaut
und sind jetzt Bräutigam und Braut.

Georg Rodolf Weckherlin

An die Marina

Ihr wisset was für schwere Klagen,
Für große Schmerzen, Sorg und Plagen
Mich eure Schönheit zart und rein,
Und euer braunen Augen Schein
Schon lange Zeit hat machen tragen.

Was sollt ich euch dann weiters sagen,
Weil uns die Lieb zugleich geschlagen,
Dann das uns jetzt kann füglich sein:
Ihr wisset was.

Derhalben länger nicht zu zagen,
So wollet mir nun nicht versagen
Viel tausend Küss für tausend Pein;
Und weil wir beed jetzund allein
So lasset uns auch vollends wagen:
Ihr wisset was.

Johann Wolfgang von Goethe

(aus den Römischen Elegien)

Froh empfind ich mich nun auf klassischem Boden begeistert,
Vor- und Mitwelt spricht lauter und reizender mir.
Hier befolg ich den Rat, durchblättre die Werke der Alten
Mit geschäftiger Hand, täglich mit neuem Genuß.
Aber die Nächte hindurch hält Amor mich anders beschäftigt;
Werd ich auch halb nur gelehrt, bin ich doch doppelt beglückt.
Und belehr ich mich nicht, indem ich des lieblichen Busens
Formen spähe, die Hand leite die Hüften hinab?
Dann versteh ich den Marmor erst recht: ich denk und vergleiche
Sehe mit fühlendem Aug, fühle mit sehender Hand.
Raubt die Liebe denn gleich mir einige Stunden des Tages,
Giebt sie die Stunden der Nacht mir zu Entschädigung hin.
Wird doch nicht immer geküßt, es wird vernünftig gesprochen;
Überfällt sie der Schlaf, lieg ich und denke mir viel.
Oftmals hab ich auch schon in ihren Armen gedichtet
Und des Hexameters Maß leise mit fingernder Hand
Ihr auf den Rücken gezählt. Sie atmet in lieblichem Schlummer,
Und es durchglüht ihr Hauch mir bis ins Tiefste die Brust.
Amor schüret die Lampe indes und denket der Zeiten,
Da er den nämlichen Dienst seinen Triumvirn getan.

Kleine Banausie

Frau von Stein
went to bed at nine.
If Goethe went, too,
nobody knew.
(Anonym)

Joachim Ringelnatz

Ferngruß von Bett zu Bett

Wie ich bei dir gelegen
habe im Bett, weißt du es noch?
Weißt du noch, wie verwegen
Die Lust uns stand? Und wie es roch?

Und all die seidenen Kissen
Gehörten deinem Mann.
Doch uns schlug kein Gewissen.
Gott weiß, wie redlich untreu
Man sein kann.

Weißt du noch, wie wir's trieben,
Was nie geschildert werden darf?
Heiß, frei, besoffen, fromm und scharf.
Weißt du, daß wir uns liebten?
Und noch lieben?

Man liebt nicht oft in solcher Weise.
Wie fühlvoll hat dein spitzer Hund bewacht.
Ja unser Glück war ganz und rasch und leise.
Nun bist du fern.
Gute Nacht.

Joachim Ringelnatz

Ein Liebesnacht-Wörtchen

Ja--ja!--ja!!--ja!!!--
Du hast so süße Höschen.
Nun sind wir allein. Und es ist Nacht.
Ach hätte ich dir doch ein Röschen
Mitgebracht.

Wilhelm Busch

Man wünschte sich herzlich gute Nacht;
Die Tante war schrecklich müde;
Bald sind die Lichter ausgemacht,
Und alles ist Ruh und Friede.

Im ganzen Haus sind nur noch zween,
Die keine Ruhe finden,
Das ist der gute Vetter Eugen
Mit seiner Base Lucinden.

Sie wachten zusammen bis in der Früh,
Sie herzten sich und küßten.
Des Morgens beim Frühstück taten sie,
Als ob sie von nichts was wüßten.

Johannes Thomas

Endschaft der Reise

Steht, ihr Pferde, steht doch stille,
Hier ist unsre Reis' verbracht.
Du bekümmerte Lisille,
Gib den Sorgen gute Nacht.
Steige nun nur frisch vom Wagen,
Der uns bis hieher getragen.

Mußtest du in bösen Wegen
Über Stock und über Stein,
Früh in Nebeln, spät im Regen
Vielmal übertauet sein,
Hast du dich von Winden küssen
Und umhalsen lassen müssen.

Ei, so richte nun das Bette
Von den weichsten Federn zu,
Daß wir schlafen um die Wette
Still und sicher, ich und du,
Und einander in den Armen,
Bis der Morgen kommt, erwarmen.

Wann dann nun der Morgen lachet
Und beleuchtet unsre Rast,
Wann dein Äuglein aufgewachet
Und du ausgeschlafen hast,
Will ich von den Reisetagen
Dir ein lustigs Mährlein sagen.

Erich Kästner

Eine Frau spricht im Schlaf

Als er mitten in der Nacht erwachte,
schlug sein Herz, daß er davor erschrak.
Denn die Frau, die neben ihm lag, lachte,
daß es klang, als sei der Jüngste Tag.

Und er hörte ihre Stimme klagen.
Und er fühlte, daß sie trotzdem schlief.
Weil sie beide blind im Dunkeln lagen,
sah er nur die Worte, die sie rief.

»Warum tötest du mich denn nicht schneller?«
fragte sie und weinte wie ein Kind.
Und ihr Weinen drang aus jenem Keller,
wo die Träume eingemauert sind.

»Wieviel Jahre willst du mich noch hassen?«
rief sie aus und lag unheimlich still.
»Willst du mich nicht weiterleben lassen,
weil ich ohne dich nicht leben will?«

Ihre Fragen standen wie Gespenster,
die sich vor sich selber fürchten, da.
Und die Nacht war schwarz und ohne Fenster.
Und schien nicht zu wissen, was geschah.

Ihm (dem Mann im Bett) war nicht zum Lachen.
Träume sollen wahrheitsliebend sein ...
Doch er sagte sich: »Was soll man machen!«
und beschloß, nachts nicht mehr aufzuwachen.
Daraufhin schlief er getröstet ein.

Karl Friedrich Schimper

Versteck

Wir saßen schön versteckt und lobten es versteckt zu seyn,
Zu kosen ungesehn und nirgendher erschreckt zu seyn.

Die Amsel oben sang, sanft rauschte fern der Wald im West,
Es war so still und wir so sicher unentdeckt zu seyn.

Die Stunden strichen hin, still waren selber wir zuletzt,
Da meinten wir entdeckt, sogar mit Fleiß geneckt zu seyn.

Der Schreck! Es klopfte – was? Es klopfte laut am Baum ein Specht!
Da waren wir vergnügt und freuten uns, geweckt zu seyn!

Wilhelm Busch

Waldfrevel

Ein hübsches Pärchen ging einmal
Tief in des Waldes Gründe.
Sie plückte Beeren ohne Zahl,
Er schnitt was in die Rinde.

Der pflichtgetreue Förster sieht's.
Was sind das für Geschichten?
Er zieht sein Buch, er nimmt Notiz
Und wird den Fall berichten.

Kurt Tucholsky
(alias Theobald Tiger)

Blick in die Zukunft

Du schläfst bei mir. Da plötzlich, in der Nacht,
   du liebe Dame,
Bist du mit einem Laut mir jäh erwacht –
   War das ein Name?

Ich horche. Und du sagst es noch einmal –
   im Halbschlaf: »Leo . . .«
Bleib bei der Sache, Göttin meiner Wahl!
   Ich heiße Theo.

Noch bin ich bei dir. Wenn die Stunde naht,
   da wir uns trennen:
Vielleicht lernt dich dann ein Regierungsrat
   im Teeraum kennen.

Und gibst du seinen Armen nachts dich preis,
   den stolzen Siegern: –
Dann flüstre einmal meinen Namen leis
   und denk an Tigern.

Ludwig Thoma

Frauenklage

In den heiß gewärmten Ehebetten
warten deutsche Frauen auf die Männchen.
Diese meiden ihre Rosenketten,
sitzen lieber bei den vollen Kännchen.

Mancher, den ein legitimes, nacktes
Weibchen lockt in aufgewühlten Kissen,
sitzt beim Kellnerfräulein, und er packt es
ohne Scheu vor Sittenhindernissen.

Früh am Morgen taumeln heim die Biedern,
rülpsend nahen sie dem Ehehafen,
nicht mehr fähig, Liebe zu erwidern,
und vom Drang erfüllt, sich auszuschlafen.

Welche Bilder muß die Gattin sehen!
Was vernimmt die Zärtliche an Tönen!
Diese Laute, welche hier geschehen,
sie gehören nicht ins Reich der Schönen.

Amor flieht vertrieben von Geräuschen,
die den Stempel der Gemeinheit tragen
und betreff der Herkunft niemand täuschen.
Amor flieht, und deutsche Frauen klagen.

Bizarres aus der Beziehungskiste oder: Das ist ja ein Ding!

Heinz Erhardt

Mars und Venus

Früher zogen Mars und Venus,
wann es war, kann man nur ahnen,
eng beieinander und in Liebe
ihre vorgeschriebnen Bahnen.

Plötzlich kam ein fremder Körper,
der sich zwischen beide zwängte
und den Mars von seiner Venus –
oder umgekehrt – verdrängte.

Dieser Fremdling war die Erde!
Und sie machte sich noch breiter,
und der Mars entschwand der Venus
immer weiter, immer weiter.

Und die Sehnsucht nach der Freundin
hat den Mars schon fast getötet;
doch – erblickt er sie von Ferne,
sehn wir, wie er zart errötet.

Joachim Schwedhelm

Ganymed 2001

Wenn ich ein Raumschiff wär'
und auch drei Stufen hätt',
flög ich zu dir,
weilte hier nicht allein!
Weil's aber nicht kann sein,
bleib ich, All, hier.

Klaus Mackowiak

Widernatürliche Liebe

In einem Computer: ein Atom samt Kern.
In dem wieder zwei: die hatten sich gern,
und zwar zwei Positronen.
Wo sonst auch sollten die wohnen?

Ja, es war die reinste Liebe:
tiefstes Gefühl – jenseits der Triebe.
Allein die Physik ... störte – und nicht zu knapp:
Denn kam man zusammen, so stieß man sich ab.

Joachim Ringelnatz

Ein männlicher Briefmark erlebte
Was Schönes, bevor er klebte.
Er war von einer Prinzessin beleckt.
Da war die Liebe in ihm erweckt.

Er wollte sie wiederküssen,
Da hat er verreisen müssen.
So liebte er sie vergebens.
Das ist die Tragik des Lebens.

Adolf Muschg

Der Punkt. Scherzo.

Es war ein Strich. Der lief gradaus.
Er war allein und hatt' kein Haus.

Jedoch zur Stund schloß er sich heiß
Um einen dunklen Punkt zum Kreis.

Mit diesem Punkt war er zu zweit.
Er kämpfte um Vollkommenheit.

Er wußte wohl: nur wenn ich rund,
Geb ich dem Punkt da guten Grund.

Er wird zur Mitte unter allen.
Dem Punkte schien dies zu gefallen.

Man sei durch ihn, und umgekehrt.
Auch das hat er sich angehört.

Doch als es fast gelungen wor,
Kam sich der Punkt verschlungen vor.

Es waltet, sprach er da mit Kenntnis,
Ein geometrisch Mißverständnis.

Ich bin ein Punkt, und streng genommen
Als solcher gar nie vorgekommen.

Und nichts ist nichts und kann auf Erden
Um keinen Preis zum Zentrum werden.

Und was nicht ist, kannst du nicht fassen.
Du mußt dich schon enttäuschen lassen.

Von soviel Strenge ganz gebrochen,
Ist unser Strich davongekrochen.

Er kriecht gradaus. Sein Herz ist stumm.
Er kriecht nie mehr im Kreis herum.

Hans Sahl

Wir und die Dinge

Es ist eine große Feindseligkeit ausgebrochen
zwischen uns und den Dingen.
Stricke reißen, eine Vase zerbrach,
und auch der Stuhl hält nicht mehr,
was er versprach.
Sind Sie es müde, uns zu gefallen?
Wissen Sie um unsere Treulosigkeit:
Daß wir verraten werden,
was uns diente,
und es wegwerfen,
wenn es alt geworden ist,
als ob es uns
nie
berührt hätte?

Else Lasker-Schüler

Groteske

Seine Ehehälfte sucht der Mond,
Da sonst das Leben sich nicht lohnt.

Der Lenzschalk springt mit grünen Füßen
Blühheilala über die Wiesen.

Steif steht im Teich die Schmackeduzie,
Es sehnt und dehnt sich Fräulein Luzie.

Joachim Ringelnatz

Meine Schuhsohlen

Sie waren mir immer nah,
Obwohl ich sie selten sah,
Die Sohlen meiner Schuhe.

Sie waren meinen Fußsohlen hold.

An ihnen klebt ewige Unruhe,
Und Dreck und Blut und vielleicht sogar Gold.

Sie haben sich aufgerieben
Für mich und sahen so selten das Licht.
Wer seine Sohlen nicht lieben
Kann, liebt auch die Seelen nicht.

Mir ist seit einigen Tagen
Das Herz so schwer.
Ich muß meine Sohlen zum Schuster tragen,
Sonst tragen sie mich nicht mehr.

Christian Morgenstern

Die beiden Flaschen

Zwei Flaschen stehen auf einer Bank,
die eine dick, die andre schlank.
Sie möchten gerne heiraten.
Doch wer soll ihnen beiraten?

Mit ihrem Doppel-Auge leiden
sie auf zum blauen Firmament...
Doch niemand kommt herabgerennt
und kopuliert die beiden.

Christian Morgenstern

Die zwei Wurzeln

Zwei Tannenwurzeln groß und alt
unterhalten sich im Wald.

Was droben in den Wipfeln rauscht,
das wird hier unten ausgetauscht.

Ein altes Eichhorn sitzt dabei
und strickt wohl Strümpfe für die zwei.

Die eine sagt: knig. Die andere sagt: knag.
Das ist genug für einen Tag.

Michael Ende

Ein sehr kurzes Märchen

Hänsel und Knödel,
die gingen in den Wald.
Nach längerem Getrödel
rief Hänsel plötzlich: »Halt!«

Ihr alle kennt die Fabel,
des Schicksals dunklen Lauf:
Der Hänsel nahm die Gabel
und aß den Knödel auf.

Robert Gernhardt

Frommer Wunsch

Mein Mantel hat einen Gürtel.

Der ist immer da,
doch ich brauche ihn nie.

Der hängt von mir ab,
doch ich binde ihn nie.

Der ist nützlich und schmuck,
doch ich sehe ihn nie:

So wünsch ich mir meine Gefährtin.

Benno Burkhardt

Hommage auf die Pantoffeln**

Ach, ihr seid das liebste Paar,
warm und weich und wunderbar,
niemand kann euch trennen.

Amor folgt stets mit Bravour
eurer soften sanften Spur,
Wenn die Lüste brennen.

Zweisam steht ihr unterm Bett,
leis, diskret und sehr adrett,
anders als die oben:

Auch ein Paar, so wie ihr zwei,
doch ein Paar mit viel Geschrei,
weil die Sinne toben.

Oben wildes Weh und Ach,
Liebes- und Matratzenkrach,
Schätzchen, dummer Stoffel.

Unten liegt ihr dienstbereit,
plüschig zwar, doch stets zu zweit:
Lieblingspaar Pantoffel.

** Auf eine Bemerkung von Victor Schklowski (»*Zoo*«):
»Die Pantoffeln haben es gut, denn sie sind immer zu zweit.«

Johannes Bobrowski

Örtliche Postbehörde

Der betagte Mäuserich
und die ruppige Ente
erzählen auf einer Treppe
aus ihren Briefträgertaschen
einander das Neueste. Die
werden wohl
heiraten.

Frank Wedekind

Altes Lied

Es war einmal ein Bäcker,
Der prunkte mit einem Wanst,
Wie du ihn kühner und kecker
Dir schwerlich träumen kannst.

Er hat zum Weibe genommen
Ein würdiges Gegenstück;
Sie konnten beisammen nicht kommen,
Sie waren viel zu dick.

Joachim Ringelnatz

Fand meinen einen Handschuh wieder

Als ich den einen verlor,
Da warf ich den andern ins Feuer
Und kam mir wie ein Verarmter vor.
Schweinslederne sind so teuer.

Als ich den ersten wiederfand:
Shake hands, du ledernes Luder!
Dein eingeäscherter Bruder
Und du und ich –: Im Dreierverband
Da waren wir reich und mächtig.
Jetzt sind wir niederträchtig.

Herzenssachen
oder: Wer wird denn weinen ...?

Heinrich Heine

Ein Jüngling liebt ein Mädchen,
Die hat einen andern erwählt;
Der andre liebt eine andre,
Und hat sich mit dieser vermählt.

Das Mädchen heiratet aus Ärger
Den ersten besten Mann,
Der ihr in den Weg gelaufen;
Der Jüngling ist übel dran.

Es ist eine alte Geschichte,
Doch bleibt sie immer neu;
Und wem sie just passieret,
Dem bricht das Herz entzwei.

Christa Reinig

Verlaß mich nicht, schwör mir das!
Ich schwöre: Wenn ich mich je
von dir trennen muß
nehm ich dich mit

Ulla Hahn

Nie mehr

Das hab ich nie mehr gewollt
um das Telefon streichen am Fenster stehn
keinen Schritt aus dem Haus gehn Gespenster sehn
Das hab ich nie mehr gewollt

Das hab ich nie mehr gewollt
Briefe die triefen schreiben zerreißen
mich linksseitig quälen bis zu den Nägeln
Das hab ich nie mehr gewollt

Das hab ich nie mehr gewollt
Soll dich der Teufel holen.
Herbringen. Schnell.
Mehr hab ich das nie gewollt.

Christian Fürchtegott Gellert

Der Selbstmord

O Jüngling, lern' aus der Geschichte,
Die dich vielleicht zu Tränen zwingt,
Was für bejammernswerte Früchte
Die Liebe zu den schönen bringt.
Ein Beispiel wohlerzogener Jugend,
Des alten Vaters Trost und Stab,
Ein Jüngling, der durch frühe Tugend
Zur größten Hoffnung Anlaß gab,
Den zwang die Macht der schönen Triebe,
Climonen zärtlich nachzugehen.
Er seufzt, der bat um Gegenliebe;
Allein vergebens war sein Flehn.
Fußfällig klagt er ihr sein Leiden:
Umsonst! Climone heißt ihn fliehn.
»Ja«, schreit er, »ja, ich will dich meiden;
Ich will mich ewig dir entziehn.«
Er reißt den Degen aus der Scheide
U – o, was kann verwegener sein!
Kurz, er besieht die Spitz' und Schneide
Und steckt ihn langsam wieder ein.

Heinz Erhardt

Der Einsame

Einsam irr' ich durch die Gassen,
durch den Regen, durch die Nacht.
Warum hast du mich verlassen,
warum hast du das gemacht?
Nichts bleibt mir, als mich zu grämen!
Gestern sprang ich in den Bach,
um das Leben mir zu nehmen;
doch der Bach war viel zu flach.

Einsam irr' ich durch den Regen,
und ganz feucht ist mein Gesicht
nicht allein des Regens wegen,
nein, davon alleine nicht.
Wo bleibt Tod in schwarzem Kleide?
Wo bleibt Tod und tötet mich?
Oder besser noch: uns beide?
Oder besser: erst mal dich?

Hans Assmann von Abschatz

Sie seufzten beide

Du pflegest dich ganz laut, ich heimlich zu beklagen,
Die Seufzer sind gemein bei dir und mir, mein Kind:
Ich weiß, daß meine nur auf dich gerichtet sind,
Von deinen weiß ich nichts zu sagen.
Ein andrer mag uns Neid um unsre Seufzer tragen:
Ich weiß, daß meine nur auf dich gerichtet sind.
Wohin die deinen gehn, mein allerliebstes Kind,
Da weiß ich nichts, und will nichts sagen.

Dorothy Parker

Nicht schwindelfrei

Und kommt der Tag, da du ihm schwörst,
erbebend: Ich bin deine.
Und er, daß du ihm angehörst
auf ewig, und sonst keine:
dann hier der Rat, für Ladies first:
Lügt einer nicht, dann eine.

Erich Kästner

Das Gebet keiner Jungfrau

Ich könnte gleich das Telefon ermorden!
Nun hat er, sagt er, wieder keine Zeit.
Ein ganzer Mensch bin ich nur noch zu zweit.
Ach, eine Hälfte ist aus mir geworden.

Ich glaube fast, er will mich manchmal kränken.
Es schmeichelt ihm vielleicht, daß er es kann?
Wenn ich dann traurig bin, sieht er mich an,
als würde ich ihm etwas Hübsches schenken.

Daß er mich lieb hat, ist höchst unwahrscheinlich.
Ich habe ihn einmal danach gefragt.
Das war im Bett. Und er hat nichts gesagt.
Er gab mir Küsse. Denn es war ihm peinlich.

Es wär schon schöner, wenn es schöner wäre
und wenn er mich so liebte, wie ich ihn.
Er liebt mich nicht. Obwohl es erst so schien.
Mein Körper geht bei seinem in die Lehre.

Mama sagt oft, ich möge mich benehmen.
Sie ahnt etwas. Und redet gern von Scham.
Ich wollte alles so, wie alles kam!
Man kann sich doch nicht nur pro forma schämen.

Er ist schon Dreißig und kennt viele Damen.
Er trifft sie manchmal. Und erinnert sich.
Und eines Tages trifft er dann auch mich.
Und grüßt. Und weiß schon nicht mehr meinen Namen.

Zwei Dutzend Kinder möcht ich von ihm haben.
Da lacht er nur und sagt, ich kriegte keins.
Er weiß Bescheid. Und käme wirklich eins,
müßt ich es ja vor der Geburt begraben.

Ich hab ihn lieb und will, daß es so bliebe.
Es bleibt nicht so, und nächstens ist es aus.
Dann weine ich. Und geh nicht aus dem Haus.
Und nehme acht Pfund ab. Das ist die Liebe.

Karl Kraus

Dein Fehler

Dein Fehler, Liebste, ach ich liebe ihn,
weil du ihn hast,
und er ist eine deiner liebsten Gaben.
Seh' ich an andern ihn, so seh' ich fast
dich selbst und sehe nach dem Fehler hin,
und alle will ich lieben, die ihn haben!

Fehlst du mir einst und fehlt dein Fehler mir,
weil du dahin,
wie wollt' ich, Liebste, lieber dich ergänzen
als durch den Fehler? Ach ich liebe ihn,
und seh' ich ihn schon längst nicht mehr an dir,
die Häßlichste wird mir durch ihn erglänzen!

Doch träte selbst die Schönste vor mich hin,
und fehlerlos,
ich wäre meines Drangs zu dir kein Hehler.
Ihr, die so vieles hat, fehlt eines bloß
und alles drum – ach wie vermiß ich ihn –
ihr fehlt doch, Liebste, was mir fehlt: dein Fehler!

Robert Gernhardt

Zwei erinnern sich

Aber das war doch das Glück!
Als wir auf dieser Terrasse standen,
als sich erst Worte, dann Finger, dann Lippen fanden,
und ich beugte mich vor,
und du lehntest dich zurück –
»Das war nicht das Glück!«

Aber doch! Das war das Glück!
Als wir dann diese Treppe hochstiegen,
so heiß und von Sinnen, daß wir meinten zu fliegen,
und dann sprang diese Tür auf,
und es gab kein Zurück –
»Aber das war doch nicht das Glück!«

Aber ja doch! Das war das Glück!
Als wir uns zwischen diesen Laken verschränkten
und gaben und nahmen und raubten und schenkten,
und wer immer etwas gab,
erhielt es tausendfach zurück –
»Das war unser Unglück.«

Johann Georg Jacobi

Der zärtliche Liebhaber

Ein junger, reicher Lord,
Der mehr als eine Welt sein treues Julchen liebte;
Und auf ein halb gesagtes Wort,
Den kleinsten Wunsch von ihr sich zu erraten übte;
Ging einst in einer Sommernacht,
Vom heitern Himmel angelacht,
Mit ihr, für deren Glück er alles hingegeben.
»O sieh doch«, rief das Mädchen schnell,
»O sieh doch, welch ein Stern! wie spielend und wie hell!
Der schönste, den ich sah in meinem ganzen Leben!« –
Sie fühlt des Lieblings Hand in ihren Händen beben;
Er sieht den Stern, mit traurigem Gesicht,
Und dann sein Mädchen an, und spricht:
»Ach!, Julchen, ach! verlang ihn nicht:
Ich kann ihn dir nicht geben!«

Heinrich Heine

Der Brief, den du geschrieben,
Er macht mir gar nicht bang;
Du willst mich nicht mehr lieben,
Aber dein Brief ist lang.

Zwölf Seiten, eng und zierlich!
Ein kleines Manuskript!
Man schreibt nicht so ausführlich,
Wenn man den Abschied gibt.

Erich Kästner

Sachliche Romanze

Als sie einander acht Jahre kannten
(und man darf sagen: sie kannten sich gut),
kam ihre Liebe plötzlich abhanden.
Wie andern Leuten ein Stock oder Hut.

Sie waren traurig, betrugen sich heiter,
versuchten Küsse, als ob nichts sei,
und sahen sich an und wußten nicht weiter.
Da weinte sie schließlich. Und er stand dabei.

Vom Fenster aus konnte man Schiffen winken.
Er sagte, es wäre schon Viertel nach Vier
und Zeit, irgendwo Kaffee zu trinken. –
Nebenan übte ein Mensch Klavier.

Sie gingen ins kleinste Café am Ort
und rührten in ihren Tassen.
Am Abend saßen sie immer noch dort.
Sie saßen allein, und sie sprachen kein Wort
und konnten es einfach nicht fassen.

Benno Burkhardt

Zwei Romanzen für gemischtes Doppel

I Tandem

Tandemfahren ist wie Ehe,
wie man sie sich leider denkt:
Zweie stets in größter Nähe,
gleichermaßen angestrengt.
Beide treten. Einer lenkt.

Er kann in die Ferne blicken,
auf den Busen der Natur.
Doch sie sieht nur seinen Rücken,
immer aufrecht, immer stur.
Und sie seufzt: Wie konnt ich nur?

Er vollführt die tollsten Schlenker,
kurvt herum, gewagt, bizarr.
Will sie auch mal an den Lenker:
»Ach, du lieber kleiner Narr!«
Sie wird wie ihr Handgriff: Starr.

Er erläutert ihr voll Feuer
Der Pedale Harmonie.
»Ist das nicht ein Abenteuer,
eine solche Radpartie?«
»Unvergeßlich«, flüstert sie.

Vor sich hört sie ihren Mann, dem
geht nun doch die Puste aus.
Langsamer wird jetzt das Tandem,
wortlos strampelt man nach Haus. –
Tandem-Fahrten sind ein Graus.

II Vierhändig

Beide sitzen am Klavier,
teilen sich die Tasten.
Ungesichert das Revier,
wenn die Finger hasten
auf dem alten Kasten.

Ach, es rauscht in Dur und Moll,
Liebe zu vier Händen,
Die Arpeggien wundervoll,
wie soll das nur enden?
Wird das Blatt sich wenden?

Und es klingt höchst virtuos,
forte und piano.
Und er denkt: Wie mach ich's bloß?
Sag ich gleich: Ti amo?
Na, die schaff i a no!

Mitten dann im »Liebestraum«
und im Handgewühle
auf dem allerengsten Raum,
dicht an dicht die Stühle,
kommen die Gefühle.

Finger spielen Rendezvous,
als ob aus Versehen.
Denn bei dem con spiritu
können taumelige Nähen
jederzeit geschehen.

Und der Gipfel des Events:
Ganz ergriffen ist die Schöne.
Hört nur diese Schlußkadenz:
Zweigestrichenes Gestöhne.
Hast du Töne? Hast du Töne!

Marie Madeleine

Moderne Treue

(1901)

Sie nahm einen blauen Bogen
Und schrieb: »Mein Ideal,
Seitdem Du fortgezogen,
Sterb' ich vor Liebesqual.

Dir weih' ich meine Lieder,
Dir mes premières amours,
Und kehrst Du niemals wieder, –
Ich bleib Dir treu! Toujours!«

Sie nahm einen rosa Bogen
Und schrieb: »Mein lieber Graf!
Ich war so ungezogen,
Als ich Sie neulich traf.

Ich ging mit Ihrem Vetter,
Doch war's nicht bös gemeint:
Sie sind ja so viel netter!
Und ich bin treu, mein Freund!«

Sie nahm einen weißen Bogen:
»Mein Prinzchen! Lieber Schatz!
Ich hab' Dich sehr verzogen,
Du blonder Fähnrichsfratz!

Daß Leutnant Du geworden,
Das freut mich riesig! Ja!
Und hast du erst 'nen Orden,
Dann sprichst Du mit Mama.

Du brauchst nicht so zu klagen,
Ich wart' auf Dich fürwahr;
Du brauchst nicht zu verzagen, –
Treu bleib ich immerdar!«

Sie nahm einen lila Bogen:
»Mein vielgeliebter Hans,
Dir bin ich sehr gewogen
Und Dir gehör' ich ganz!

Nicht wägen, sondern wagen!
Darum bin ich so frei,
Dir grad heraus zu sagen:
Dir bleib' ich ewig treu!«

Nachdem sie überflogen
Das Blatt, erhob sie sich,
Besah sich all die Bogen –
und gähnte fürchterlich!

Kurt Tucholsky

Abschied von der Junggesellenzeit

Agathe, wackel nicht mehr mit dem Busen!
Die letzten roten Astern trag herbei!
Laß die Verführungskünste bunter Blusen,
das Zwinkern laß, den kleinen Wollustschrei ...
Nicht mehr für dich foxtrotten meine Musen –
vorbei – vorbei ...
Es schminkt sich ab der Junggesellenmime:
Leb wohl! Ich nehm mir eine Legitime!

Leb, Magdalene, wohl! Du konntest packen,
wenn du mochtest, bis ich grün und blau.
Geliebtendämmerung. Der Mond der weißen Backen
verdämmert sacht. Jetzt hab ich eine Frau.
Leb, Lotte, wohl! Dein fester kleiner Nacken
ruht itzt in einem andern Liebesbau ...
Lebt alle wohl! Muß ich von Kindern lesen:
Ich schwör sie ab. Ich bin es nicht gewesen.

Nur eine bleibt mir noch in Ehezeiten –
in dieser Hinsicht ist die Gattin blind –,
Dein denk ich noch in allen Landespleiten:
Germania! gutes, dickes, dummes Kind!
Wir lieben uns und maulen und wir streiten
und sind uns doch au fond recht wohlgesinnt ...
Schlaf nicht bei den Soldaten! Das setzt Hiebe!
Komm, bleib bei uns! Du meine alte Liebe –!

Doppel-Fehler
oder: Weh und Ach und Ehekrach

Wolfgang Amadeus Mozart

Kleiner Rat
(an seine Schwester Nannerl)

Du wirst im Eh'stand viel erfahren,
was dir ein halbes Rätsel war;
bald wirst du aus Erfahrung wissen,
wie Eva einst hat handeln müssen,
daß sie hernach den Kain gebar.

Doch, Schwester, diese Eh'standspflichten
wirst du von Herzen gern verrichten,
denn, glaube mir, sie sind nicht schwer.
Doch jede Sache hat zwo Seiten:
Der Eh'stand bringt zwar viele Freuden,
allein auch Kummer bringet er.

Drum, wenn dein Mann dir finstre Mienen,
die du nicht glaubtest zu verdienen,
in seiner übeln Laune macht,
so denke, das ist Männergrille,
und sag: Herr, es gescheh dein Wille
bei Tag, und meiner in der Nacht.

Ludwig Eichrodt

Es waren drei junge Leute

Es waren drei junge Leute,
die liebten ein Mädchen so sehr.
Der eine war der Gescheite,
floh zeitig über das Meer.
Er fand eine gute Stelle
und ward seiner Jugend froh,
und lebt als Junggeselle
noch heute auf Borneo.

Der Zweite schied mit Weinen.
Er sang seiner Liebe Leid
und ließ es gebunden erscheinen
just um die Weihnachtszeit.
Das kalte Herz seiner Dame,
die Quelle all seines Wehs,
macht ihm die schönste Reklame
auf allen ästhetischen Tees.

Der Dritte nur war dämlich,
wie sich die Welt erzählt.
Er liebte die Holde nämlich
und hat sich mit ihr vermählt;
und sitzt jetzt ganz bescheiden
dabei mit dummem Gesicht,
wenn sie von den anderen beiden
mit Tränen im Auge spricht.

Wilhelm Busch

Sie hat nichts und du desgleichen;
Dennoch wollt ihr, wie ich sehe,
Zu dem Bund der heil'gen Ehe
Euch bereits die Hände reichen.

Kinder, seid ihr denn bei Sinnen?
Überlegt euch das Kapitel!
Ohne die gehör'gen Mittel
Soll man keinen Krieg beginnen.

Heinrich Heine

Und bist du erst mein ehlich Weib,
Dann bist du zu beneiden,
Dann lebst du in lauter Zeitvertreib,
In lauter Pläsier und Freuden.

Und wenn du schiltst und wenn du tobst,
Ich werd es geduldig leiden;
Doch wenn du meine Verse nicht lobst,
Laß ich mich von dir scheiden.

Beat Brechbühl

Erstaunliche Feststellung

Meine Frau ist meine Geliebte,
mein ganzes Harem.

Und ich bin
in den besten Jahren.

Adele Schreiber

Tempora mutantur

(Neunzehnhundertdrei)

Am Ufer schritten wir entlang –
Uns schlug das Herz so sehnsuchtsbang – – –
»Ach, Liebste, ich vergeh' zur Stund'
Zu küssen Deinen roten Mund,
In dieser Sommernacht!

O, wär'n im Dunkel wir allein!
Verwünscht ist der Laternenschein!
Und warum müssen auch die andern
Gleich uns hier auf und nieder wandern
In uns'rer Sommernacht?

Der Teufel hole die Beleuchtung!
Sie raubt des Kusses süße Feuchtung,
Ich darf um der Philister willen
Der Sehnsucht heiße Glut nicht stillen
In *solcher* Sommernacht!«

Es half kein Klagen und kein Fluchen –
Umsonst war alles Schattensuchen.
Nur unser Hausflur übt Erbarmen – – –
Da liegen zwei sich in den Armen – – –
In einer Sommernacht!

(Neunzehnhundertdreizehn)

Am Ufer schritten wir entlang,
Wie war der Tag so endlos lang!
Es schlug vom Turm die zwölfte Stund',
Und gähnend öffnet sich der Mund
In einer Sommernacht.

»Du mußt dich nicht so schleppen lassen!
Du siehst doch: leer sind schon die Gassen.
Zur Ruh gegangen sind die andern,
Meinst Du, ich habe Lust zu wandern
Die ganze Sommernacht?

Und dunkel ist es – ein Skandal!
Die Haut riskiert man jedesmal!
Zu was wir Steuern zahlen sollen,
Wenn sie nicht mal beleuchten wollen
In solcher Sommernacht.

Der Teufel hol' die Sparerei!«
Im Hausflur dann verschwanden zwei. –
Bald schnarchte aus dem breiten Bett
Der Ehegatte fromm und fett,
In – – einer Sommernacht!

Wilhelm Busch

Die Liebe war nicht geringe.
Sie wurden ordentlich blaß;
Sie sagten sich tausend Dinge
Und wußten noch immer was.

Sie mußten sich lange quälen,
Doch schließlich kam's dazu,
Daß sie sich konnten vermählen,
Jetzt haben die Seelen Ruh.

Bei eines Strumpfes Bereitung
Sitzt sie im Morgenhabit;
Er liest in der Kölnischen Zeitung
Und teilt ihr das Nötige mit.

Werner Schneyder

Mein zweites Liebesgedicht

Mein zweites Liebesgedicht
in diesem Jahrzehnt
besagt, daß meine Frau
mir nie beweisen muß
daß wir nicht Fremde sind.
Ich nehm das Fremdsein an
bei ihr
und mach es mir zu eigen
wenn sie will
und wäre
ohne diese Fremde
einer der alles haßt
was er schon kennt.

Theodor Fontane

Wurzels

(Berliner Ehedialog)

»Wurzel, wir wollen nun an die See,
Heute (als letztes noch) koch ich Gelee,
Friederike bleibt und sorgt für Torf,
Ich denke, wir gehen nach Heringsdorf.«

»Ahlbeck.«

»Wurzel, mit Hermann wird es nun Zeit,
Alles hier draußen ist freilich so weit,
's Gymnasium auch (und täglich zweimal)
Aber mit Pferdebahn ist es egal,
Ich denke mir also: Joachimsthal.«

»Steglitz.«

»Wurzel, der Winter ist nun bald da,
Mir graut schon vor dem Gesellschaftstrara,
Aber was hilft es (sie reden schon)
Also Scherzers. Kopisch, Liliencron
Und vielleicht die Familie Levysohn ...«

»Meyers.«

»Wurzel, du bleibst doch, wie du bist,
Ein Igel an dir verloren ist,
In der Tanzstund, als Bräutigam und nun ehlich
Immer gleich aufbäumsch und unausstehlich;
Mag man sich noch so den Kopf zerbrechen,
Du widersprichst, um zu widersprechen,
'ne Scheidung gibt es schließlich *doch*!«

»Ich denke mir, du besinnst dich noch.«

Kurt Tucholsky

Der andre Mann

Du lernst ihn in einer Gesellschaft kennen.
Er plaudert. Er ist zu dir nett.
Er kann dir alle Benniscracks nennen.
Er sieht gut aus. Ohne Fett.
    Er tanzt ausgezeichnet. Du siehst ihn dir an ...
    Dann tritt zu euch beiden dein Mann.

Und du vergleichst sie in deinem Gemüte.
Dein Mann kommt nicht gut dabei weg.
Wie er schon dasteht – du liebe Güte!
Und hinten am Hals der Speck!
    Und du denkst bei dir so: »Eigentlich ...
    Der da wäre ein Mann für mich!«

Ach, gnädige Frau! Hör auf einen wahren
und guten alten Papa!
Hättst du den Neuen: in ein, zwei Jahren
ständest du ebenso da!
    Dann kennst du seine Nuancen beim Kosen;
    dann kennst du ihn in Unterhosen;
    dann wird er satt in deinem Besitze;
    dann kennst du alle seine Witze.
    Dann siehst du ihn in Freude und Zorn,
    von oben und unten, von hinten und vorn ...

Glaub mir: wenn man uns näher kennt,
gibt sich das mit dem happy end.
Wir sind manchmal reizend, auf einer Feier ...
und den Rest des Tages ganz wie Herr Meyer.
Beurteil uns nie nach den besten Stunden.

Und hast du einen Kerl gefunden,
mit dem man einigermaßen auskommen kann:
    dann bleib bei dem eigenen Mann!

Karl Kraus

Eifersucht

Wie er sie selbst in seine Arme nahm
und keinen Grund zur Eifersucht nun hatte,
ihn nichts so sehr wie diese überkam:
das war die Sicherheit, er sei der Gatte.
Und weit und breit war keine andre Seele.
In solchem Zweifelsfalle fand er Rat:
und so ertappt er sich auf frischer Tat
und packte sich bei seiner eignen Kehle.

Gotthold Ephraim Lessing

Ihr Wille und sein Wille

Er: Nein, liebe Frau, das geht nicht an:
    Ich muß hier meinen Willen haben.
Sie: Und ich muß meinen haben, lieber Mann.
Er: Unmöglich!
Sie: Was? nicht meinen Willen haben?
    Schon gut! so sollst du mich in Monatsfrist begraben.
Er: Den Willen kannst du haben.

Erich Kästner

Gewisse Ehepaare

Ob sie nun gehen, sitzen oder liegen,
sie sind zu zweit.
Man sprach sich aus. Man hat sich ausgeschwiegen.
Es ist soweit.

Das Haar wird dünner, und die Haut wird gelber,
von Jahr zu Jahr.
Man kennt den andern besser als sich selber.
Der Fall liegt klar.

Man spricht durch Schweigen. Und man schweigt mit
                                               Worten.
Der Mund läuft leer.
Die Schweigsamkeit besteht aus neunzehn Sorten.
(Wenn nicht aus mehr.)

Vom Anblick ihrer Seelen und Krawatten
wurden sie bös.
Sie sind wie Grammophone mit drei Platten.
Das macht nervös.

Wie oft sah man einander beim Betrügen
voll ins Gesicht!
Man kann zur Not das eigne Herz belügen,
das andre nicht.

Sie lebten feig und wurden unansehnlich.
Jetzt sind sie echt.
Sie sind einander zum Erschrecken ähnlich.
Und das mit Recht.

Sie wurden stumpf wie Tiere hinterm Gitter.
Sie flohen nie.
Und manchmal steht vorm Käfige ein Dritter.
Der ärgert sie.

Nachts liegen sie gefangen in den Betten
und stöhnen sacht,
während ihr Traum aus Bett und Kissen Ketten
und Särge macht.

Sie mögen gehen, sitzen oder liegen,
sie sind zu zweit.
Man sprach sich aus. Man hat sich ausgeschwiegen.
Nun ist es Zeit ...

Johann Wolfgang von Goethe

Gutmann und Gutweib

Und morgen fällt St. Martins Fest,
Gutweib liebt ihren Mann;
da knetet sie ihm Puddings ein
und bäckt sie in der Pfann'.

Im Bette liegen beide nun.
Da saust ein wilder West;
und Gutmann spricht zur guten Frau:
»Du, riegle die Türe fest!«

»Bin kaum erholt und halb erwarmt!
Wie käm ich da zu Ruh?
Und klapperte sie einhundert Jahr,
ich riegelte sie nicht zu!«

Drauf eine Wette schlossen sie
ganz leise sich ins Ohr:
So, wer das erste Wörtlein spräch',
der schöbe den Riegel vor.

Zwei Wandrer kommen um Mitternacht
und wissen nicht, wo sie stehn;
die Lampe losch, der Herd verglomm,
zu hören ist nichts, zu sehen.

»Was ist das für ein Hexenort?
Da bricht uns die Geduld!«
Doch hörten sie kein Sterbenswort;
des war die Türe schuld.

Den weißen Pudding speisten sie,
den schwarzen, ganz vertraut;
und Gutweib sagte sich selber viel,
doch keine Silbe laut.

Zum andern sprach der eine dann:
»Wie trocken ist mir der Hals!
Der Schrank, der klafft, und geistig riecht's,
da findet sich's allenfalls.

Ein Fläschchen Schnaps ergreif ich da,
das trifft sich doch geschickt!
Ich bring es dir, du bringst es mir,
und bald sind wir erquickt.«

Doch Gutmann sprang so heftig auf
und fuhr sie drohend an:
»Bezahlen soll mit teurem Geld,
wer mir den Schnaps vertan!«

Und Gutweib sprang auch froh heran,
drei Sprünge, als wär' sie reich:
»Du Gutmann, sprachst das erste Wort.
Nun riegle die Türe gleich!«

Konrad Pfeffel

Am Grab der Gattin sprach zum trauernden Geleite
der Leichenredner viel von Wiedersehn;
beim Heimweg sprach der Mann zum Pastor: »Scherz beiseite,
wird meine Frau denn wirklich auferstehn?«

Frank Wedekind

Die böse Frau Xanthippe heißt,
Die ihren Mann am Halstuch reißt.
Sie goß das volle Nachtgefäß
Hinunter über Sokrates.
Da sprach der Weise sehr verlegen:
»Aufs Donnerwetter folgt der Regen.«

Gotthold Ephraim Lessing

Auf Frau Trix

Frau Trix besucht sehr oft den jungen Doktor Klette.
Argwohnet nichts! Ihr Mann liegt wirklich krank zu Bette.

Christian Morgenstern

Brief einer Klabauterfrau

»Mein lieber und vertrauter Mann,
entsetzlieber Klabautermann,
ich danke dir, für was du schreibst
und daß du noch vier Wochen bleibst.

Die ›Marfa‹ ist ein schönes Schiff,
vergiß nur nicht das Teufelsriff;
ich lebe hier ganz unnervos,
denn auf der Elbe ist nichts los.

Bei einem Irrlicht in der Näh
trink manchmal ich den Fünfuhrtee,
doch weil sie leider Böhmisch spricht,
verstehen wir einander nicht.

1.6.04. Stadt Trautenau.
Deine getreue Klabauterfrau.«

Gotthold Ephraim Lessing

Faustin

Faustin, der ganzer fünfzehn Jahr
Von Haus und Hof und Weib und Kindern war,
Ward', von dem Wucher reich gemacht,
Auf seinem Schiffe heimgebracht.
Gott, seufzt der redliche Faustin,
Als ihm die Vaterstadt in dunkler Fern erschien,
»Gott strafe mich nicht meiner Sünden,
Und gib mir nicht verdienten Lohn,
Laß, weil du gnädig bist, mich Tochter, Weib und Sohn
Gesund und fröhlich wiederfinden.«
So seufzt Faustin, und Gott erhört den Sünder.
Er kam und fand sein Haus in Überfluß und Ruh.
Er fand sein Weib und seine beiden Kinder,
Und – Segen Gottes! – zwei dazu.

Kurt Tucholsky

Ehekrach

»Ja –!«
»Nein –!«
»Wer ist schuld?
        Du!«
»Himmeldonnerwetter, laß mich in Ruh!«
– »*Du* hast Tante Klara vorgeschlagen!«
Du läßt dir von keinem Menschen was sagen!
Du hast immer solche Rosinen!
Du willst bloß, ich soll verdienen, verdienen –
Du hörst nie. Ich red dir gut zu ...
Wer ist schuld –?
        Du.«
»Nein.«
»Ja.«

– »*Wer* hat den Kindern das Rodeln verboten?
Wer schimpft den ganzen Tag nach Noten?
Wessen Hemden muß ich stopfen und plätten?
Wem passen wieder nicht die Betten?
Wen muß man vorn und hinten bedienen?
Wer dreht sich um nach allen Blondinen?
                              Du –!«
»Nein.«
»Ja.«
»Wem ich das erzähle ...!
                Ob mir das einer glaubt –!«
– »Und überhaupt –!«
        »Und überhaupt –!«
                »Und überhaupt –!«

Ihr meint kein Wort von dem, was ihr sagt:
Ihr wißt nicht, was euch beide plagt.
Was ist der Nagel jeder Ehe?
Zu langes Zusammensein und zu große Nähe.

Menschen sind einsam. Suchen den andern.
Prallen zurück, wollen weiter wandern ...
Bleiben schließlich ... Diese Resignation:
Das ist die Ehe. Wird sie euch monoton?
Zankt euch nicht und versöhnt euch nicht:
Zeigt euch ein Kameradschaftsgesicht
und macht das Gesicht für den bösen Streit
lieber, wenn ihr alleine seid.

Gebt Ruhe, ihr Guten! Haltet still.
Jahre binden, auch wenn man nicht will.
Das ist schwer: ein Leben zu zwein.
Nur eins ist noch schwerer: einsam sein.

Von mir zu Tier
oder:
»In den Augen meines Hundes«

Wilhelm Busch

Zu zweit

Frau Urschel teilte Freud und Leid
Mit ihrer lieben Kuh;
Sie lebten in Herzeinigkeit
Ganz wie auf Du und Du.

Wie war der Winter doch so lang,
Wie knapp war da das Heu;
Frau Urschel rief und seufzte bang:
O komm, du schöner Mai!

Komm schnell und lindre unsre Not,
Der du die Krippe füllst;
Wenn ich und meine Kuh erst tot,
Dann komme, wann du willst.

Friederike Kempner

Nero

In den Augen meines Hundes
Liegt mein ganzes Glück,
All mein Innres, krankes, wundes
Heilt in seinem Blick.

Erich Kästner

Ein Hund hält Reden

Ich hab im Traum mit einem Hund gesprochen.
Erst sprach er spanisch. Denn dort war er her.
Weil ich ihn nicht verstand – das merkte er –
sprach er dann deutsch, wenn auch etwas gebrochen.

Er sah mich ganz entsetzt die Hände falten
und sagte freundlich: »Kästner, wissen Sie,
warum die Tiere ihre Schnauze halten?«
Ich schwieg. Und war verlegen wie noch nie.

Der Hund sprach durch die Nase und fuhr fort:
»Wir können sprechen. Doch wir tun es nicht.
Und wer, außer im Traum, mit Menschen spricht,
den fressen wir nach seinem ersten Wort.«

Ich fragte ihn natürlich nach dem Grund.
(Ich glaube nichts, was man mir nicht erklärt.)
Da sagte mir denn der geträumte Hund:
»Das ist doch klar! Der Mensch ist es nicht wert,
daß man gesellschaftlich mit ihm verkehrt.«

Er hob sein Bein, sprang flink durch krumme Gassen ...
Und so etwas muß man sich sagen lassen.

Anmerkung: Der Hund war ein Zyniker. Dieser Satz ist leider nur für ehemalige Gymnasiasten verständlich. Kurzum, die humanistische Bildung!

Hans Sahl

Der Hund, der mich anbellt

Der Hund, der mich anbellt,
hat mich erkannt.
Von den Gerüchen, die ihm begegnen,
ist meiner ihm fremd.
Er muß mich melden.
Er tut seine Pflicht.
Er weiß, wer an ihm vorübergeht.
Einer, der nicht dazugehört.
Einer, der an dem Tage fehlte,
als Gott die Menschen, die man nicht anbellt,
zählte.

Paul Scheerbart

Ein Säufertraum

Ich war im Traume betrunken
Und sah ein alters Kamel,
Das war zu Boden gesunken –
Es lachte – bei meiner Seel!

Und bald lag mein ganzes Genie
Neben dem lachenden Vieh.
Der Himmel lachte über mir,
Und ich trank immer noch für Vier.

Mein Kamel kam nicht zu kurz dabei;
Ich ließ es trinken fast für Drei.
Dies war meine schönste Zecherei;
Ich fühlte mich so groß und frei.

Ich trinke – bei meiner ewigen Seele! –
Nur noch mit einem alten Kamele.
Mit Menschen trinken ist der größte Kohl –
Kamele nur verstehn den Alkohol.

Victor von Scheffel

Stilleben

Der Hausknecht zu der Viehmagd sprach:
»Ich denke dein den ganzen Tag –
                    im Kuhstall.

Du bist mein Schatz, du g'fällst mir sehr;
Wenn ich nur ewig bei dir wär' –
                    im Kuhstall.«

Die Viehmagd legt' die Hand aufs Herz
Und schaute weinend himmelwärts –
                    im Kuhstall.

»O Herr im Himmel, schaue drein,
Wie ich ihn liebe treu und rein! –
                    im Kuhstall.«

Sie küßt ihn stumm in sel'ger Ruh;
Wehmütig brüllten die Ochsen dazu –
                    im Kuhstall.

Terzett auf drei verschiedene Vögel

I
Anna Luisa Karsch

Auf den Tod einer Nachtigall

Seufze Mitleid, mein Gesang,
In Selindens bittre Klage,
Sie beweinet nächtelang
Einen Vogel, der die Tage
Ihrer Jugend traurig macht –
Ihre Freuden sind verdorben,
Sind um allen Reiz gebracht,
Denn ihr Liebling ist gestorben.

Feiner menschlicher Verstand
Schien den Vogel zu beleben,
Wenn er von der schönen Hand,
Die ihm einen Wurm gegeben,
Auf den schönern Busen flog,
Und den Kuß von blauen Augen
Und vom Rosenmunde sog,
Wie die Bienen Honig saugen.

Wann Selinde freundlich sprach:
Komm und singe mir die Liebe;
Ach! da sang er alles nach,
Was die Regung sanfter Triebe
In beflammten Seelen spricht;
Jedes Leiden und Entzücken
Wußt er durch ein süß Gedicht
Hunderstimmig auszudrücken.

...
Aber nun ist er dahin,
Ihn ergreift ein zehrend Fieber,
Und des Schicksals Eigensinn
Blieb ganz ungerührt darüber,
Als die Thränen wie ein Bach
Auf den kranken Sänger flossen,
Der noch immer matt und schwach
Sang, bis sich die Augen schlossen ...

II
Annette von Droste-Hülshoff

Die todte Lerche

Ich stand an deines Landes Grenzen,
An deinem grünen Saatenwald,
Und auf des ersten Strahles Glänzen
Ist dein Gesang herabgewallt;
Der Sonne schwirrtest du entgegen,
Wie eine Mücke nach dem Licht,
Dein Lied war wie ein Blüthenregen,
Dein Flügelschlag wie ein Gedicht.

Da war es mir, als müsse ringen
Ich selber nach dem jungen Tag,
Als horch' ich meinem eignen Singen,
Und meinem eignen Flügelschlag;
Die Sonne sprühte glühe Funken,
In Flammen brannte mein Gesicht,
Ich selber taumelte wie trunken,
Wie eine Mücke nach dem Licht!

Da plötzlich sank und sank es nieder,
Gleich todter Kohle in die Saat;
Noch zucken sah ich kleine Glieder,
Und bin erschrocken dann genaht.
Dein letztes Lied, es war verklungen.
Du lagst, ein armer, kalter Rest,
Am Strahl verflattert und versungen,
Bei deinem halbgebauten Nest.

Ich möchte Thränen um dich weinen
Wie sie das Weh vom Herzen drängt;
Denn auch mein Leben wird verscheinen,
Ich fühl's, versungen und versengt.
Dann du mein Leib, ihr armen Reste,
Dann nur ein Grab auf grüner Flur
Und nah nur, nah bei meinem Neste,
In meiner stillen Heimath nur!

III
Friederike Kempner

Von geistiger Art
(Auf meinen am 15. November 1890
dahingegangenen Papagei)

Allgeliebter Vogel Du,
Gingest auch zur ewigen Ruh,
Liebenswürdig, zahm und zart
Und von selten geistiger Art!

Warst mir zweiundzwanzig Jahr,
Was kein anderer mir war,
Steter Freund, ach, lebenslang,
Nehme meinen heißen Dank.

Mancher hat Dich arg betrübt,
Weil Du allgemein beliebt,
Gönnte diesen Trost mir nicht
– Das ist Wahrheit, kein Gedicht!

Nochmals Dank für Deine Treu!
Lebe dorten auf, auf's Neu!
Glücklich sei an jedem Ort –
Jeder Geist, er lebet fort.

Das liebe Fleisch
oder:
Von Busen, Bissen und Küssen

Johann Peter Uz

Ein Traum

O Traum, der mich entzücket!
Was hab ich nicht erblicket!
Ich warf die müden Glieder
In einem Tale nieder,
Wo einen Teich, der silbern floß,
Ein schattigtes Gebüsch umschloß.

Da sah ich durch die Sträuche
Mein Mädchen bei dem Teiche.
Das hatte sich, zum Baden,
Der Kleider meist entladen,
Bis auf ein untreu weiß Gewand,
Das keinem Lüftgen widerstand.

Der freie Busen lachte,
Den Jugend reizend machte.
Mein Blick blieb sehnend stehen
Bei diesen regen Höhen,
Wo Zephyr unter Lilien blies
Und sich die Wollust greifen ließ.

Sie fing nun an, o Freuden!
Sich vollends auszukleiden;
Doch, ach! indems geschiehet,
Erwach ich und sie fliehet.
O schlief ich doch von neuem ein!
Nun wird sie wohl im Wasser sein.

Christian Hofmann von Hofmannswaldau

An die Phillis

Der und jener mag vor mir
Das gelobte Land ererben;
Laß mich, Phillis, nur bei dir
Auf den hohen Hügeln sterben.

Heinrich Mühlpfordt

Die Brüste

Dies schwesterliche Paar, das voll von Flammen hencket,
Von außen jedes Herz mit Liebes-Öle tränket,
Inwendig aber Feu'r als wie ein Ätna schenket,
Da doch das Schneegebirg sich von dem Atem schwenket
Und wider von dem West die Seufzer niedersenket,
Hält alle Lieb und Lust in seinem Kreis verschränket.

Friedrich von Logau

Von den entblößten Brüsten

Frauen-Volk ist offenherzig; so wie sie sich kleiden jetzt
Geben sie vom Berg ein Zeichen, daß es in dem Tale hitzt.

e. e. cummings

mr spielen sie sich nicht so
auf in Sachen Kunst

jedem seins doch ich bin froh
ohne solchen dunst

und ich sag von mann zu mann
unter uns zwei beiden

mehr als tausend akte kann
ich ne echte nackte leiden

Heinrich Heine

Himmlisch war's, wenn ich bezwang
Meine sündige Begier,
Aber wenn mir's nicht gelang,
Hatt ich doch ein groß Plaisir.

Frank Reinhard

Nachfrage und Angebot

Darf ich dich drücken und verschnuddeln
und deinen Busen zärtlich knuddeln
in deinen dunklen Grund mich buddeln
und Lippen heiß auf Lippen nuddeln
und dir die feuchten Stellen bruddeln
unter den Bermudas?

Sicher, tu das!

Anne Sexton

Knielied

Auf die Kniekehle geküßt
zu werden ist eine Motte
an der Windschutzscheibe und
ja mein Liebling ein Punkt
auf dem Echolot ist
Tinkerbell mit ihrem Husten
und zweimal verzichte ich auf meine
Ehre und Sterne stecken
wie Reißnägel in der Nacht
ja oh ja ja ja zwei
kleine Schnecken an der Knie-
kehle bauen Freuden-
feuer so etwas wie Augen-
wimpern so etwas zwei Feuerzeuge
zünden ja ja ja klein
und ich Schöpfer.

Johann Wolfgang von Goethe

Liebebedürfnis

Wer vernimmt? ach! wem soll ich's klagen?
Wer's vernähme, würd' er mich bedauern?
Ach! die Lippe, die so manche Freude
Sonst genossen hat und sonst gegeben,
Ist gespalten und sie schmerzt erbärmlich.
Und sie ist nicht etwa wund geworden,
Weil die Liebste mich zu wild ergriffen,
Hold mich angebissen, daß sie fester
Sich des Freunds versichernd ihn genösse:
Nein, das zarte Lippchen ist gesprungen,
Weil nun über Reif und Frost die Winde
Spitz und scharf und lieblos mir begegnen.

Und nun soll mir Saft der edeln Traube,
Mit dem Saft der Bienen, bei dem Feuer
Meines Herds vereinigt, Lind'rung schaffen.
Ach was will das helfen, mischt die Liebe
Nicht ein Tröpfchen ihres Balsams drunter?

Heinrich Heine

Mir träumte wieder der alte Traum:
Es war eine Nacht im Maie,
Wir saßen unter dem Lindenbaum,
Und schwuren uns ewige Treue.

Das war ein Schwören und Schwören auf's Neu',
Ein Kichern, ein Kosen, ein Küssen;
Daß ich gedenk des Schwures sei,
Hast du in die Hand mich gebissen.

O Liebchen mit den Äuglein klar!
O Liebchen, schön und bissig!
Das Schwören in der Ordnung war,
Das Beißen war überflüssig.

Wilhelm Busch

Wärst du ein Bächlein, ich ein Bach,
So eilt ich dir geschwinde nach.
Und wenn ich dich gefunden hätt'
In deinem Blumenuferbett:
Wie wollt ich mich in dich ergießen
Und ganz mit dir zusammenfließen,
Du vielgeliebtes Mädchen du!
Dann strömten wir bei Nacht und Tage
Vereint in süßem Wellenschlage
Dem Meere zu.

Christian Felix Weisse

Der Kuß

Ich war bei Chloen ganz allein,
Und küssen wollt ich sie:
Jedoch sie sprach, sie würde schrei'n,
Es sei vergebne Müh.

Ich wagt es doch, und küßte sie,
Trotz ihrer Gegenwehr.
Und schrie sie nicht? Ja wohl, sie schrie;
Doch lange hinterher, ja doch! Lange hinterher.

Franz Grillparzer

Kuß

Auf die Hände küßt die Achtung,
Freundschaft auf die offne Stirn,
Auf die Wange Wohlgefallen,
Selge Liebe auf den Mund;
Aufs geschloßne Aug die Sehnsucht,
In die hohle Hand Verlangen,
Arm und Nacken die Begierde;
Überall sonst hin Raserei!

Erich Mühsam

Epigramm

Erst wollt' ich schier nach Deinem Kuß verdürsten,
und endlich hauchtest Du ihn in mein Haar.
Jetzt muß ich stundenlang die Hose bürsten,
weil, wo ich kniete, schlecht gebohnert war.

Schöne Geschichten
oder: Das ist doch nicht Ihr Ernst!

Fritz Grasshoff

Perfekter Mord
(Roßhaar zerschnitten)

Liebster, wo dein Wagen parkt,
verschied – wie die Ärzte sagen –
mein Mann an einem Herzinfarkt
bei seiner Geliebten im Wagen.

Du sollst erfahren, wie es war.
Er trieb es mit meiner Frisöse.
Ich schnitt dem Guten Pferdehaar
in die Hummermajonaise.

Wirst du mit einer andern intim –
Liebster, ich kann es spüren –
werde ich dir dasselbe wie ihm
in die Majonaise rühren.

Du fühlst dich innen wie geharkt
und schleppst dich in deinen Wagen.
Er starb an einem Herzinfarkt
werden die Ärzte sagen.

Man rechnet einen Löffel Haar
auf ein normales Essen.
Du spürst doch nichts? Noch nicht – nicht wahr?
Ich werde dich nie vergessen!

Otto Heinrich Kühner

Herr Koch greift sich an Herrn Leitgebs Herz

Herrn Koch wurde – bei einem Herzversagen
Das Herz eines gewissen Herrn Leitgeb übertragen.
So griff Herr Koch, bei Kummer oder Schmerz,
Sich von jetzt ab an Herrn Leitgebs Herz,
Verliebte sich – es passierte ihm noch nie –
Sogar in eine leichtfertige Witwe vis-à-vis
(Das heißt, er verlor Leitgebs Herz an sie)
und drückte sie, am Ende eines Konzerts,
Im Kurpark von Bad Nauheim an dessen Herz.
Doch jene hatte (aus dem Geschlechte derer
von Six-Erkenich) schon einen Verehrer;
So bekam bald darauf – es war Ende März
In einem Städtchen unweit des Rheines –
Herr Koch hinterrücks ein Messer ins Herz.
Doch er lachte nur – es war nicht seines.

Friedrich Hebbel

Hexen-Ritt

Es haben drei Hexen bei Nebel und Nacht
zum fernen Blocksberg sich aufgemacht.

Begegnet ihnen ein feiner Mann.
Da halten die drei den Besenstiel an.

Spricht d'rauf die erste: »Ich tu euch kund,
Den da verwandl' ich in einen Hund!«

Spricht d'rauf die zweite: »Das ist nicht recht,
Zum Affen aber taugt er nicht schlecht!«

Spricht d'rauf die dritte: »Du bist ein Stock,
Er wird der trefflichste Ziegenbock!«

Und murmelten alle zugleich den Fluch,
Und jede entkräftet der Schwestern Spruch.

Und sind schon lange beim tollen Schmaus,
Da steht noch der Zarte in Schreck und Graus.

Und kommt zum Liebchen mit blassem Gesicht
Und klopft ans Fenster, doch ruft er nicht.

Und redet sie leise, leise an
Und freut sich, daß er nicht bellen kann.

Und spricht vom Himmel auf Erden nun
Und denkt: das kann doch kein Affe tun.

Und als sie ihm hold in die Arme sinkt,
Da weiß er's gewiß, daß er auch nicht stinkt.

»Liebchen komm...«
(Aussteiger 1845)

Liebchen komm – vor dieser Zeit, der schweren,
Birg' mit mir Dich in den Kordilleren;
Von Konflikt und Militärpflicht frei
Atme hoch die Brust in Paraguay.

Alte Welt – Berlin, Paris, addio!
Riesenwelt von Santa Fé und Rio,
Welt von Mazatlan und Veracruz,
Gib uns Du vor Krach und Pleite Schutz!

Weg die Klänge Don Juans und Zampas!
Hufgestampfe lockt uns in die Pampas,
Wo das Rindvieh, chemisch maltraitiert,
Sich zum Fleischextrakte kondensiert.

Liebchen komm! den heimatlichen Bettel
Werfen wir vom Popocatepetel,
Und dem Kreischen nur des Kakadu
Hören wir vom Titikaka zu.

(Anonym)

Werner Dürrson

das musikalische opfer

also bei buxtehude da wurde
der schumann reger denn je

mozärtlich nahm er die
witwe des mahlers am händel
führte sie über bach und haydn
am monte verdi vorbei
auf den schönberg

wo er sie
nicht ohne liszt
verbrahmste

dann aber gluck
gluck weg war er
gänzlich

ein telemann eben

keinen kreutzer wert
seufzte die mahlersche
und

wo hindemith
als sie
den mendelssohn griegte

Eskimojade

Es lebt' in dulci jubilo
In Grönland einst ein Eskimo.
Der liebt voll Liebeslust und Leid
Die allerschönste Eski*maid*,
Und nennt im Garten sie und Haus
Bald Eski*miez*, bald Eski*maus*.
Im wunderschönen Eski*mai*
Spazieren gingen froh die zwei,
Geschminkt die Wangen purpurroth,
Wie's mit sich bringt die Eski*mod*,
Und setzten sich ganz sorgenlos
In wunderweiche Eski*moos*.
Still funkelte am Horizont
Der silberklare Eski*mond*.
Da schlich herbei aus dichtem Rohr,
Othello, Grönlands Eski*mohr*.
In schwarzer Hand hielt fest den Dolch
Der eifersücht'ge Eski*molch*
Und stach zwei- dreimal zu voll Wuth
In frevelhaftem Eski*muth*.
Vom Dolch getroffen alle beid' –
Sank Eski*mo* und Eski*maid*.
Da rannt' im Sprunge des Galopps
Herbei der treue Eski*mops*
Und biß mit seinen Zähnen stark
Den Mörder bis ins Eski*mark*,
Der bald, zerfleischt vom treuen Hund,
Für immer schloß den Eski*mund*.
So war – das ist der Schlußaccord,
Gerächt der blut'ge Eski*mord*!
Und schaurig klingt vom Norden her
Noch heut'gen Tags die Eski*mähr*!

(Anonym)

Erich Kästner

Modernes Märchen

Sie waren so sehr ineinander verliebt,
wie es das nur noch in Büchern gibt.
Sie hatte kein Geld. Und er hatte keins.
Da machten sie Hochzeit und lachten sich eins.

Er war ohne Amt. So blieben sie arm.
Und speisten zweimal in der Woche warm.
Er nannte sie trotzdem: »Mein Schmetterling.«
Sie schenkte ihm Kinder, so oft es nur ging.

Sie wohnten möbliert und waren nie krank.
Die Kinder schliefen im Kleiderschrank.
Zu Weihnachten malten sie kurzerhand
Geschenke mit Buntstiften an die Wand.

Und aßen Brot, als wär's Konfekt,
und spielten: Wie Gänsebraten schmeckt.
Dergleichen stärkt wohl die Phantasie.
Drum wurde der Mann, blitzblatz! ein Genie.

Schrieb schöne Romane. Verdiente viel Geld
und wurde der reichste Mann auf der Welt.
Erst waren sie stolz. Doch dann tat's ihnen leid,
denn der Reichtum schadet der Heiterkeit.

Sie schenkten das Geld einem Waisenkind.
Und wenn sie nicht gestorben sind ...

Matthias Claudius

Phidile

Ich war erst sechzehn Sommer alt,
unschuldig und nichts weiter,
und kannte nichts als unsern Wald,
als Blumen, Gras und Kräuter.

Da kam ein fremder Jüngling her;
ich hatt' ihn nicht verschrieben,
und wußte nicht, wohin noch her;
der kam und sprach von Lieben.

Er hatte schönes langes Haar
um seinen Nacken wehen;
und einen Nacken, als der war,
hab' ich noch nie gesehen.

Sein Auge, himmelblau und klar!
Schien freundlich was zu flehen;
so blau und freundlich, als das war,
hab' ich noch keins gesehen.

Und sein Gesicht, wie Milch und Blut!
Ich hab's nie so gesehen;
auch, was er sagte, war sehr gut,
nur konnt' ich's nicht verstehen.

Er ging mir allenthalben nach
und drückte mir die Hände,
und sagte immer O und Ach
und küßte sie behende.

Ich sah ihn einmal freundlich an
und fragte, was er meinte;
da fiel der junge schöne Mann
mir um den Hals, und weinte.

Das hatte niemand noch getan;
doch war's mir nicht zuwider,
und meine beiden Augen sahn
in meinen Busen nieder.

Ich sagt' ihm nicht ein einzig Wort,
als ob ich's übelnähme,
kein einzigs, und – er flohe fort;
wenn er doch wiederkäme!

Zu guter Letzt
oder: Ganz bei Troste

Joachim Ringelnatz

Ich habe dich so lieb

Ich habe dich so lieb!
Ich würde dir ohne Bedenken
Eine Kachel aus meinem Ofen
schenken.

Ich habe dir nichts getan.
Nun ist mir traurig zu Mut.
An den Hängen der Eisenbahn
Leuchtet der Ginster so gut.

Vorbei – verjährt –
Doch nimmer vergessen.
Ich reise.
Alles, was lange währt,
Ist leise.

Die Zeit entstellt
Alle Lebewesen.
Ein Hund bellt.
Er kann nicht lesen.
Er kann nicht schreiben.
Wir können nicht bleiben.

Ich lache.
Die Löcher sind die Hauptsache
An einem Sieb.

Ich habe dich so lieb.

Sarah Kirsch

Von jetzt an teil ich mit dir

Von jetzt an teil ich mit dir
Von jetzt an teilst du mit mir
Jedwede Freude, jedweden Zorn.
Wir lassen uns nicht ins Bockshorn jagen
Von süßen Karaffen
Und Geldbeutelein

Heinz Kahlau

Die Liebe ist kein Zauberstab,
der jeden Wunsch erfüllt.
In jeder Liebe bleibt ein Teil
der Träume ungestillt.

Wer alles will, was Liebe kann,
der ist am End allein.
Die Liebe zwischen Frau und Mann
kann nie vollkommen sein.

Auf beide kommt es dabei an,
zu viel geht nur zu zwein.
Die Liebe zwischen Frau und Mann
muß Menschenliebe sein.

Heinz Erhardt

Bilanz

Wir hatten manchen Weg
zurückgelegt,
wir beide, Hand in Hand.

Wir schufteten und schufen
unentwegt
und bauten nie auf Sand.

Wir meisterten sofort,
was uns erregt,
mit Herz und mit Verstand.

Wenn man sich das so richtig
überlegt,
dann war das allerhand.

Christian Fürchtegott Gellert

Das Glück und die Liebe

Einst wollten Lieb und Glück sich sichtbar überführen,
Wer stärker sei, des Menschen Herz zu rühren;
Und Semnon, wie die Sag erzählt,
Ein Mann, der oft das Glück um seine Gunst gequält,
Ein Mann in seinen besten Jahren,
Ward, um an ihm es zu erfahren,
Vom Glück und von der Lieb erwählt.

Das Glück bot alles auf, was je der Mensch geschätzt.
Was seine Sinne rührt, was je sein Herz ergetzt,
Wodurch der Stolz sich hebt und zur Bewundrung eilet,
Ward von der Hand des Glücks dem Semnon itzt erteilet.
Er sah sich reich, und Marmor schloß ihn ein.
Sein Zimmer schien der Freuden Thron zu sein;
Und täglich wuchs die Pracht der schon geschmückten Wände
Noch durch der Künstler kluge Hände;
Und täglich wuchs im Speisesaal
Der Schüsseln und der Diener Zahl,
Mit ihnen der Bewundrer Menge,
Und der Klienten Lobgesänge;
Bald fiel ein reiches Erb an ihn,
An das er nicht gedacht; kaum war ihm dies verliehn:
So zog das Glück durch seine Künste
Schon in den reichsten Lotterien
Für seinen Freund die Hauptgewinste.
So ward ein neuer Schatz ihm täglich kund gemacht,
Bald was sein Kux, bald was sein Schiff gebracht;
Und so viel Gunst aus seines Glückes Händen
Blieb alle Pracht zu wenig zu verschwenden.
Er schlief, berauscht von Freuden, ein,
Stund auf, den Freuden sich zu weihn.
Sein Wink war der Verehrer Wille,
Und jeder Tag ein Fest des Glückes und der Fülle.

»Wer zweifelt«, sprach das Glück, »daß mir der Ruhm gebührt?
Ist Semnon nicht unendlich sehr gerührt?«

»Vielleicht«, versetzt darauf die Liebe,
»Rühr ich sein Herz durch stärkre Triebe;
Er soll Serinen sehn. Ihr unschuldvoller Blick
Besiegt vielleicht dich, mächtigs Glück!«
Er sah nunmehr die göttliche Serine.
Ihn rührt der Reiz der edlen Miene;
Doch mehr, als ihr beredt Gesicht,
Das Herz, das aus Serinen spricht.
Schon scheint der Glanz von seinen Schätzen,
Schon sein Palast, schon Freund und Wein,
Schon die Musik ihn minder zu ergetzen.
»Wie glücklich, wär ihr Herz erst mein,
Wie glücklich würd ich dann nicht sein!
O Liebe! lehre mich, dies Herz mir zu verdienen,
Und sprich! wodurch besieg ich einst Serinen?«
»Sei«, spricht sie, »kein Verschwender mehr,
Gib Schmeichlern weiter kein Gehör.«
Schon ist er kein Verschwender mehr,
Schon gibt er Schmeichlern kein Gehör;
»Such deine Lust in stillern Freuden;
Sei gütig, liebreich und bescheiden;
Und liebe nicht dein Glück zu sehr.«
Schon suchte Semnon stillre Freuden;
Schon ward er liebreich und bescheiden;
Serine floh ihn schon nicht mehr,
Serine gab ihm schon Gehör,
Und ward die Seele seiner Freuden.

»Die Liebe«, sprach das Glück, »scheint Semnon vorzuziehn?
Allein mehr als zu bald soll er Serinen fliehn.
So viel ich ihm geschenkt, so viel sei ihm entrissen!
Wird ihm die Liebe wohl der Armut Qual versüßen?«
Das Glück verließ ihn drauf, und Semnons Gut verschwand.
Kein Bergwerk half ihm mehr, kein Schiff kam mehr ans Land;

Sein Reichtum ward der List und der Gewalt zur Beute,
Und nichts blieb ihm von dem, was sonst sein Herz erfreute,
Nichts, als sein treues Weib; im widrigsten Geschick
Sein Beistand und auf stets sein Glück.
Durch Fleiß entrissen sie sich der Gefahr zu darben;
Und froh genossen sie, was sie durch Fleiß erwarben.
Umsonst versprach das Glück, ihn doppelt zu erfreun,
Wenn er der Lieb entsagen wollte.
»Nein«, rief er, »wenn ich auch ein Krösus werden sollte,
Ging ich doch nie dein Anerbieten ein.
Die Liebe läßt mich weiser sein,
Als daß ich dich mir wieder wünschen wollte.
Serine, komm! Mein Herz bleibt dein;
Viel besser, ohne Glück, als ohne Liebe sein.«
»Ja, Semnon, ja, mein Herz ist dein;
Viel besser, ohne Glück, als ohne Liebe, sein.«

Wisława Szymborska

Glückliche Liebe

Glückliche Liebe. Ist das normal
und ernstzunehmen und nützlich –
was hat die Welt von zwei Menschen,
die diese Welt nicht sehen?

Zu sich erhoben ohne jedes Verdienst,
die ersten besten von einer Million, allerdings überzeugt,
es habe so kommen müssen – als Preis wofür? für nichts.
Von irgendwoher fällt Licht –
weshalb gerade auf die und nicht andre?
Beleidigt es nicht die Gerechtigkeit? Ja.
Verletzt es nicht alle sorgsam aufgetürmten Prinzipien,
stürzt die Moral nicht vom Gipfel? Es verletzt und stürzt.

Seht sie euch an, diese Glücklichen:
Wenn sie sich wenigstens verstellten,
Niedergeschlagenheit spielten, damit die Freunde auf ihre
                                                       Kosten kämen!
Hört, wie sie lachen – kränkend.
Mit welcher Zunge sie sprechen – scheinbar verständlich.
Und diese ihre Zeremonien, Ziereieien,
die findigen Pflichten gegeneinander –
es ist wie eine Verschwörung hinter dem Rücken der
                                                       Menschheit!

Schwer zu ahnen, was geschähe,
machte ihr Beispiel Schule,
worauf Religion und Dichtung noch bauen könnten.
Was hielte man fest, was ließe man sein,
wer bliebe denn noch im Kreis?

Glückliche Liebe. Muß das denn sein?
Takt und Vernunft gebieten, sie zu verschweigen
wie einen Skandal in den besseren Kreisen des LEBENS.
Prächtige Babies weden ohne ihr Zutun geboren.
Sie könnte die Erde, da sie so selten vorkommt,
niemals bevölkern.

So mögen alle, denen die glückliche Liebe fremd ist,
behaupten, es gäbe sie nicht.

Mit diesem Glauben leben und sterben sie leichter.

Wilhelm Busch

Summa Summarum

Sag, wie wär' es, alter Schragen,
wenn du mal die Brille putztest,
um ein wenig nachzuschlagen,
wie du deine Zeit benutztest.

Oft wohl hätten dich so gerne
weiche Arme warm gebettet;
doch du standest kühl von ferne,
unbewegt, wie angekettet.

Oft wohl kam's, daß du die schöne
Zeit vergrimmtest und vergrolltest,
nur weil diese oder jene
nicht gewollt, so wie du wolltest.

Demnach hast du dich vergebens
meistenteils herumgetrieben;
denn die Summe unsres Lebens
sind die Stunden, wo wir lieben.

Anhang

Autoren- und Quellenverzeichnis

Anonym: Eskimojade
Aus: Deutsche Unsinnspoesie. Hg. Klaus Peter Dencker. Stuttgart: Reclam Verlag, 1978.

Anonym: Kleine Banausie
Mündlich und gelegentlich schriftlich überlieferter Germanisten-Nonsens.

Anonym: Liebchen komm
Aus: Friedrich Torberg: Apropos – Nachgelassenes, Kritisches, Bleibendes. München: Langen Müller, 1981.

Anonym: Small Talk
Aus: Zeitschrift »Die Jugend«, 1901.

Hans Assmann von Abschatz (1646–1699)
Aus: Deutsche Lyrik von den Anfängen bis zur Gegenwart. Hg. Walter Killy. München: Deutscher Taschenbuch Verlag, 2001.

F.W. Bernstein (1939)•
Aus: Ders., Robert Gernhardt, F. K. Waechter: Welt im Spiegel. 1964–1976. Frankfurt am Main: Verlag Zweitausendeins, 1979.

Horst Bienek (1930–1990)
Klatsch am Sonntagmorgen. © Carl Hanser Verlag, München; Wien, 1964.

Otto Julius Bierbaum (1865–1910)
Aus: Gesammelte Werke. München, 1912f.

Johannes Bobrowski (1917–1965)
Aus: Gesammelte Werke in sechs Bänden. Bd. 1, Die Gedichte. Hg. Eberhard Haufe. © Deutsche Verlags-Anstalt GmbH, Stuttgart, 1998.

Beat Brechbühl (1939)•
Aus: Liebe. Liebesgedichte deutscher, österreichischer und schweizer Autoren vom 16. Jh. bis zur Gegenwart. Hg. Nina Kindler. München: Kindler Verlag, 1980.

Barthold Hinrich Brockes (1680–1747)
Aus: Irdisches Vergnügen in Gott. Hamburg, 1736.

Jörg Burkhard (1943)
Aus: in gaugins alten basketballschuhen. gedichte und fotos. © Verlag Das Wunderhorn, Heidelberg, 1978.

Benno Burkhardt (1932)
Erstveröffentlichung mit freundlicher Genehmigung des Autors.

Wilhelm Busch (1832–1910)
Aus: Sämtliche Werke. Hg. Otto Nöldeke. München, 1903.

Matthias Claudius (1743–1818)
Aus: Sämtliche Werke. München: Winkler Verlag, 1968.

e.e. cummings (1894–1962)
Aus: 100 Selected Poems. New York, 1923.
[Für diese Ausgabe übersetzt vom Herausgeber]

John Donne (1572–1631)
Aus: Alchimie der Liebe. Gedichte (Übers.: Werner von Koppenfels). © Diogenes Verlag AG, Zürich, 1996.

Johannes Matthias Dreyer (1716–1769)
Aus: Lauter Lust, wohin das Auge gafft. Deutsche Poeten in der Manier Anakreons. Hg. Bernhard Jentzsch. Leipzig: Reclam Verlag, 1974.

Annette von Droste-Hülshoff (1797–1848)
Aus: Sämtliche Werke. München: Carl Hanser Verlag, 1952.

Werner Dürrson (1932)•
Aus: Deutsche Unsinnspoesie. Hg. Klaus Peter Dencker. Stuttgart: Reclam Verlag, 1978.

Ludwig Eichrodt (1827–1892)
Aus: Gesammelte Dichtungen. Stuttgart, 1890.

Michael Ende (1929–1995)
Aus: Das Schnurpsenbuch. © K. Thienemanns Verlag, Stuttgart; Wien, 1979.

Heinz Erhardt (1909–1979)
Aus: Das große Heinz Erhardt Buch. © Lappan Verlag GmbH, Oldenburg, 2000.

Werner Finck (1902–1978)
Aus: Alter Narr - was nun? © Herbig in der F. A. Herbig Verlagsbuchhandlung GmbH, München, 1972.

Theodor Fontane (1819–1898)
Aus: Die Gedichte. Hg. Otto Drude. Frankfurt am Main; Leipzig: Insel Verlag, 2000.

Christian Fürchtegott Gellert (1715–1769)
Aus: Fabeln und Erzählungen. Leipzig, 1746.

Robert Gernhardt (1937)
Aus: Gedichte 1954–1994. © Haffmans Verlag, Zürich, 1996. Alle Rechte vorbehalten S. Fischer Verlag GmbH, Frankfurt am Main.

Johann Wilhelm Ludwig Gleim (1719–1803)
Aus: Sämtliche Werke. Halberstadt, 1811 ff.

Johann Wolfgang von Goethe (1749–1832)
Aus: Gedichte. Sämtliche Gedichte in zeitlicher Reihenfolge. Hg. Heinz Nicolai. Frankfurt am Main; Leipzig: Insel Verlag, 1992.

Fritz Grasshoff (1913–1997)•
Aus: Die große Halunkenpostille. Songs, Balladen, Moritaten. München: Deutscher Taschenbuch Verlag, 1963.

Franz Grillparzer (1791–1872)
Aus: Sämtliche Werke. München: Carl Hanser Verlag, 1950.

Ulla Hahn (1946)
Aus: Unerhörte Nähe. © Deutsche Verlags-Anstalt GmbH, Suttgart, 1988.

Friedrich Hebbel (1813–1856)
Aus: Werke in zwei Bänden. München: Carl Hanser Verlag, 1952.

Heinrich Heine (1797–1856)
Aus: Gedichte. Sämtliche Gedichte in zeitlicher Reihenfolge. Hg. Klaus Briegleb. Frankfurt am Main; Leipzig: Insel Verlag, 1997.

Hermann Hesse (1877–1962)
Aus: Sämtliche Werke. Band 10, Die Gedichte. © Suhrkamp Verlag, Frankfurt am Main.

Paul Heyse (1830–1914)
Aus: Gesammelte Werke. Berlin, 1871 ff.

Christian Hofmann von Hofmannswaldau (1617–1679)
Aus: Deutsche Lyrik von den Anfängen bis zur Gegenwart. Hg. Walter Killy. München: Deutscher Taschenbuch Verlag, 2001.

Arno Holz (1863–1929)
Aus: Werke. München: Luchterhand Literaturverlag, 1962.

Johann Georg Jacobi (1740–1814)
Aus: Deutsche Lyrik von den Anfängen bis zur Gegenwart. Hg. Walter Killy. München: Deutscher Taschenbuch Verlag, 2001.

Ernst Jandl (1925–2000)
Aus: Poetische Werke. Bd. 2, Laut und Luise & verstreute Gedichte. Hg. Klaus Siblewski. © Luchterhand Literaturverlag, München, 1997.

Hermann Jandl (1932)•
Aus: leute, leute. Frankfurt am Main: S. Fischer Verlag, 1970.

Erich Kästner (1899–1974)
Aus: Doktor Erich Kästners lyrische Hausapotheke, Gesang zwischen den Stühlen, Herz auf Taille, Lärm im Spiegel. Alle © Atrium Verlag, Zürich.

Heinz Kahlau (1931)
Aus: Du. Liebesgedichte. © Aufbau-Verlag, Berlin; Weimar, 1971.

Helmut Käutner (1908–1980)
Aus: Friedrich Torberg: Apropos – Nachgelassenes, Kritisches, Bleibendes. © Langen Müller in der F.A. Herbig Verlagsbuchhandlung GmbH, München, 1981.

Anna Luisa Karsch (1722–1791)
Aus: Auserlesene Gedichte. Berlin, 1794.

Mascha Kaléko (1907–1975)
Aus: Das lyrische Stenogrammheft. Kleines Lesebuch für Große. © Rowohlt Taschenbuch Verlag GmbH, Reinbek bei Hamburg, 1956.

Friederike Kempner (1836–1904)
Aus: Gedichte. Berlin, 1903.

Alfred Kerr (1867–1948)
Aus: Liebes Deutschland. Gedichte. Hg. Thomas Koebner. © Argon Verlag, Berlin 1991. Alle Rechte vorbehalten S. Fischer Verlag GmbH, Frankfurt am Main.

Sarah Kirsch (1935)
Aus: Werke in fünf Bänden. Bd. 1, Gedichte I. Hg. Franz-Heinrich Hackel. © Deutsche Verlags-Anstalt, Stuttgart, 1999.

Paul Klee (1879–1940)
Aus: Gedichte. Hg. Felix Klee. © Arche, Zürich, 1960, 1996, 2001.

Karl Kraus (1874–1936)
Aus: Schriften Bd. 9. © Suhrkamp Verlag, Frankfurt am Main, 1989.

Otto Heinrich Kühner (1921–1996)•
Aus: Pummerer und andere skurrile Verlse. München: Piper Verlag, 1968.

Else Lasker-Schüler (1869–1945)
Aus: Die Gedichte 1902–1943. © Suhrkamp Verlag, Frankfurt am Main, 1996.

Stanisław Jerzy Lec (1909–1966)
Aus: Alle unfrisierten Gedanken (Übers.: Karl Dedecius). © Carl Hanser Verlag, München; Wien, 1982.

Gotthold Ephraim Lessing (1729–1781)
Aus: Werke. München: Carl Hanser Verlag, 1970.

Jochen Lobe (1937)•
Aus: Deutsche Unsinnspoesie. Hg. Klaus Peter Dencker. Stuttgart: Reclam Verlag, 1978.

Friedrich von Logau (1604–1655)
Aus: Deutsche Lyrik von den Anfängen bis zur Gegenwart. Hg. Walter Killy. München: Deutscher Taschenbuch Verlag, 2001.

Klaus Mackowiak (1953)•
Aus: Süddeutsche Zeitung, Wochenendbeilage vom 15./16. April 2000.

Marie Madeleine (1881–1944)
Aus: Die rote Rose Leidenschaft. Gedichte und Prosa. Hg. Sibylle Kaldewey. München: Matthes und Seitz, 1977.

Christian Morgenstern (1871–1914)
Aus: Gesammelte Werke in einem Band. Hg. Margareta Morgenstern. München: Piper Verlag, 1965.

Wolfgang Amadeus Mozart (1756–1791)
Aus: Briefe und Aufzeichnungen. Kassel: Bärenreiter Verlag, 1962.

Heinrich Mühlpfort (1639–1681)
Aus: Heinrich Mühlpforts Poetischer Gedichte Ander Theil. Frankfurt, 1687.

Erich Mühsam (1878–1934)•
Aus: So weit die scharfe Zunge reicht. Die Anthologie des deutschsprachigen Cabaretts. Hg. Klaus Budzinski: München; Bern; Wien: Scherz Verlag, 1964.

Adolf Muschg (1934)•
Aus: Liebe. Liebesgedichte deutscher, österreichischer und schweizer Autoren vom 16. Jh. bis zur Gegenwart. Hg. Nina Kindler. München: Kindler Verlag, 1980.

Friedrich Nietzsche (1844–1900)
Aus: Gedichte. Nach den Erstdrucken 1878 bis 1908. Hg. Ralph Kray u. a. Frankfurt am Main; Leipzig: Insel Verlag, 1994.

Dorothy Parker (1893–1967)
Aus: The Portable Dorothy Parker. New York, 1944.
[Für diese Ausgabe übersetzt vom Herausgeber]

Wilhelm Petersen (1758–1815)
Aus: Anthologie auf das Jahr 1782. Hg. Friedrich Schiller. Reprint. Stuttgart: J. B. Metzler Verlag, 1973.

Konrad Pfeffel (1736–1809)
Aus: Der ewige Brunnen. Ein Hausbuch deutscher Dichtung. Hg. Ludwig Reiners. München: C. H. Beck, 1955.

Frank Reinhard (1970)
Veröffentlichung mit freundlicher Genehmigung des Autors.

Christa Reinig (1926)
Aus: Sämtliche Gedichte. Düsseldorf: Verlag Eremitenpresse, 1984.

Joseph Friedrich Edler von Retzer (1754–1822)
Aus: Lauter Lust, wohin das Auge gafft. Deutsche Poeten in der Manier Anakreons. Hg. Bernhard Jentzsch. Leipzig: Reclam Verlag, 1974.

Joachim Ringelnatz (1883–1934)
Aus: Das Gesamtwerk in sieben Bänden. © Diogenes Verlag AG, Zürich, 1994.

Peter Rosegger (1843–1918)
Aus: Der ewige Brunnen. Ein Hausbuch deutscher Dichtung. Hg. Ludwig Reiners. München: C. H. Beck, 1955.

Eugen Roth (1895–1976)•
Aus: Sämtliche Menschen. München; Wien: Carl Hanser Verlag, 1983.

Hans Sahl (1902–1993)•
Aus: Wir sind die Letzten. Der Maulwurf. Gedichte. Frankfurt am Main: Luchterhand Verlag, 1991.

Paul Scheerbart (1863–1915)
Aus: Ich liebe dich! Berlin, 1897.

Victor von Scheffel (1826–1886)
Aus: Werke, 1907.

August Wilhelm von Schlegel (1767–1845)
Aus: Sämtliche Werke. Leipzig, 1886.

Werner Schneyder (1937)
Aus: Gelächter vor dem Aus. © Kindler Verlag GmbH, München, 1980.

Arthur Schnitzler (1862–1931)
Aus: Gesammelte Werke. Frankfurt am Main: S. Fischer Verlag, 1986.

Adele Schreiber (1872–1957)
Aus: Das lustige Salzer-Buch. Hg. Marcel Salzer. Hamburg, 1913.

Joachim Schwedhelm (1944)
Aus: Wen die Standuhr schlägt. Ein satirisches Stundenbuch. München; Zürich: Piper Verlag, 1992.

Kurt Schwitters (1887–1948)
Aus: Das gesamte literarische Werk. © DuMont Literatur und Kunst Verlag, Köln, 1973.

Anne Sexton (1928–1974)
Aus: Liebesgedichte. Verwandlungen. Gedichte. © S. Fischer Verlag GmbH, Frankfurt am Main, 1995.

Sita Steen (1919)•
Aus: Deutsche Unsinnspoesie. Hg. Klaus Peter Dencker. Stuttgart: Reclam Verlag, 1978.

Wisława Szymborska (1923)
Aus: Die Gedichte. © Suhrkamp Verlag, Frankfurt am Main, 1997.

Ludwig Thoma (1867–1921)
Aus: Gesammelte Werke. München, 1922.

Johannes Thomas (1624–1679)
Aus: Deutsche Lyrik von den Anfängen bis zur Gegenwart. Hg. Walter Killy. München: Deutscher Taschenbuch Verlag, 2001.

Kurt Tucholsky (1890–1935)
Aus: Gesammelte Werke. © Rowohlt Verlag GmbH, Reinbek bei Hamburg, 1960.

Johann Peter Uz (1720–1796)
Aus: Lyrische Gedichte. Berlin, 1749.

Alice Walker (1944)
Aus: Ihr blauer Körper. Gedichte I (Übers.: Gerhard Döhler). © Rowohlt Taschenbuch Verlag GmbH, Reinbek bei Hamburg, 1993.

Georg Rudolf Weckherlin (1584–1653)
Aus: Deutsche Lyrik von den Anfängen bis zur Gegenwart. Hg. Walter Killy. München: Deutscher Taschenbuch Verlag, 2001.

Frank Wedekind (1864–1918)
Aus: Prosa, Dramen, Verse. München: Langen Müller, 1954ff.

Felix Christian Weisse (1726–1804)
Aus: Scherzhafte Lieder. Leipzig, 1758.

Paul Wühr (1927)
Aus: Grüß Gott ihr Mütter ihr Väter ihr Töchter ihr Söhne. München; Wien: Carl Hanser Verlag, 1976.

Marina Zwetajewa (1882–1941)
Aus: Liebesgedichte (Aus dem Russischen übertragen und herausgegeben von Ralph Dutli). © Ammann Verlag & Co., Zürich, 1997.

• Mit freundlicher Genehmigung der Autoren bzw. deren Erben.

Trotz gründlicher Recherche konnten in einigen Fällen die Rechteinhaber der abgedruckten Texte nicht ermittelt werden. Etwaige Anspruchsberechtigte mögen sich unter Nachweis des Anspruchs an den Verlag wenden.

Inhalt

Adam und Eva
(statt eines Vorworts)
   Joseph Friedrich Edler von Retzer:
      Adam an Gott bei Evens Anblick 9
   Matthias Claudius: Es legte Adam sich im Paradiese schlafen 9
   Johann Wolfgang von Goethe: Es ist gut 9

Verständigungsprobe
oder: Wir raufen uns zusammen
   Horst Bienek: Klatsch am Sonntagmorgen 13
   Jochen Lobe: Hallo 13
   Robert Gernhardt: Beziehungsgespräch 14
   Hans Sahl: Der Schnittpunkt 14
   Stanisław Jerzy Lec: Selbdritt 15
   Joachim Ringelnatz: Sehnsucht nach Zufall 15
   F. W. Bernstein: Identität – ja oder nein? 16
   Christa Reinig: Der Andere 17
   Erich Kästner: Elegie, ohne große Worte 18
   Robert Gernhardt: Ja und Nein 19
   Hermann Jandl: klassisch 19
   Paul Klee: Ein Gedicht mit den Reimen 20
   Ernst Jandl: feeling 20
   Erich Kästner: Kleines Solo 21
   Wisława Szymborska: Bahnhof 22
   Friederike Kempner: Also doch …?★ 24

En passant
oder: One-Night-Ständchen
   Kurt Schwitters: Fräulein Franke 27
   Erich Mühsam: Optimistischer Sechszeiler 27
   Helmut Käutner: Am Bahnhof 27
   Joachim Ringelnatz: Straßenerlebnisse 28
   Johann Wolfgang von Goethe: Sprichwörtlich 28
   Alice Walker: Er sagte 29
   Alfred Kerr: Felicitas 29
   Otto Julius Bierbaum: Wundersames Abenteuer in einem
      Omnibus und einem Hausflur 30
   Eugen Roth: Nächtliches Erlebnis 31
   Christa Reinig: Für ein am Straßenrand überfahrenes Fräulein . . 31

Werner Finck: Volkslied 32
Eugen Roth: Versäumter Augenblick 33
Paul Wühr: Lüge ich 33
Hermann Hesse: Einer sentimentalen Dame 34
Anonym: Small Talk★ 35
Ogden Nash: Reflections on Ice-Breaking 35
Erich Mühsam: Kleiner Roman 36
John Donne: Frauen und Treue 37
Arno Holz: Er will nicht heurathen! Ode Trochaica 38
Robert Gernhardt: Gelungener Abend 39
Dorothy Parker: Eine einzelne Rose 39
Mascha Kaléko: Großstadtliebe 40
Kurt Tucholsky: Auf ein Frollein 41
Joachim Ringelnatz: Wupper-Wippchen 42
Jörg Burkhard: Verhältnis 42

Duales System
oder: O, diese Männer! Oooh, diese Frauen ...

Dorothy Parker: Männer 45
Robert Gernhardt: Schweigen und Freude 45
Ulla Hahn: Gibt es eine weibliche Ästhetik 46
Wisława Szymborska: Gewohnte Heimkehr 46
Alice Walker: Warnung 47
Johannes Matthias Dreyer: Die Männer 48
Paar-odie★
   Friedrich Schiller: Ehret die Frauen 49
   Alfred Kerr: Wehret den Frauen 49
   August Wilhelm Schlegel: Ehret die Frauen 49
Sita Steen: Ein Glied von Schillers Locke 50
Robert Gernhardt: Alle oder nichts 51
Peter Rosegger: Das Weib ist eine Nuß 51
Paul Heyse: Hüte dich 51
Marina Zwetajewa: Im fatalen Folianten 52
Wilhelm Petersen: Sitten und Zeiten 52
Robert Gernhardt: Paargesang 53
Arthur Schnitzler: An so manche 53
Johann Wolfgang von Goethe: Ich wünsche mir 54
Christian Felix Weisse: Die Vorsicht 54
Barthold Hinrich Brockes: Die Frau 55
Johann Wilhelm Ludwig Gleim: Die Revue 55
Kurt Tucholsky: Lamento 56
Johann Wolfgang von Goethe: Entschuldigung 58
Gotthold Ephraim Lessing: Das böse Weib 58
Friedrich Nietzsche: Mann und Weib 58

Bettgeflüster
oder: Gegensätze ziehen sich aus
    Wilhelm Busch: Was soll ich nur von eurer Liebe glauben? 61
    Robert Gernhardt: Ermunterung 61
    Georg Rodolf Weckherlin: An die Marina 62
    Johann Wolfgang von Goethe: Froh empfind ich mich nun 63
    Anonym: Kleine Banausie* 63
    Joachim Ringelnatz: Ferngruß von Bett zu Bett 64
    Joachim Ringelnatz: Ein Liebesnacht-Wörtchen 65
    Wilhelm Busch: Man wünschte sich herzlich gute Nacht 65
    Johannes Thomas: Endschaft der Reise 66
    Erich Kästner: Eine Frau spricht im Schlaf 67
    Karl Friedrich Schimper: Versteck 68
    Wilhelm Busch: Waldfrevel 68
    Kurt Tucholsky: Blick in die Zukunft 69
    Ludwig Thoma: Frauenklage 70

Bizarres aus der Beziehungskiste
oder: Das ist ja ein Ding!
    Heinz Erhardt: Mars und Venus 73
    Joachim Schwedhelm: Ganymed 2001 73
    Klaus Mackowiak: Widernatürliche Liebe 74
    Joachim Ringelnatz: Ein männlicher Briefmark 74
    Adolf Muschg: Der Punkt. Scherzo. 75
    Hans Sahl: Wir und die Dinge 76
    Else Lasker-Schüler: Groteske 76
    Joachim Ringelnatz: Meine Schuhsohlen 77
    Christian Morgenstern: Die beiden Flaschen 78
        Die zwei Wurzeln 78
    Michael Ende: Ein sehr kurzes Märchen 79
    Robert Gernhardt: Frommer Wunsch 79
    Benno Burkhardt: Hommage auf die Pantoffeln 80
    Johannes Bobrowski: Örtliche Postbehörde 81
    Frank Wedekind: Altes Lied 81
    Joachim Ringelnatz: Fand meinen einen Handschuh wieder ... 82

Herzenssachen
oder: Wer wird denn weinen ...?
    Heinrich Heine: Ein Jüngling liebt ein Mädchen 85
    Christa Reinig: Verlaß mich nicht 85
    Ulla Hahn: Nie mehr 86
    Christian Fürchtegott Gellert: Der Selbstmord 87
    Heinz Erhardt: Der Einsame 88
    Hans Assmann von Abschatz: Sie seufzten beide 89

Dorothy Parker: Nicht schwindelfrei* 89
Erich Kästner: Das Gebet keiner Jungfrau 90
Karl Kraus: Dein Fehler 92
Robert Gernhardt: Zwei erinnern sich 93
Johann Georg Jacobi: Der zärtliche Liebhaber 94
Heinrich Heine: Der Brief, den du geschrieben 94
Erich Kästner: Sachliche Romanze 95
Benno Burkhardt: Zwei Romanzen für gemischtes Doppel.
   I Tandem 96
   II Vierhändig 97
Marie Madeleine: Moderne Treue 98
Kurt Tucholsky: Abschied von der Junggesellenzeit 100

Doppel-Fehler
oder: Weh und Ach und Ehekrach
Wolfgang Amadeus Mozart: Kleiner Rat 103
Ludwig Eichrodt: Es waren drei junge Leute 104
Wilhelm Busch: Sie hat nichts und du desgleichen 105
Heinrich Heine: Und bist du erst mein ehlich Weib 105
Beat Brechbühl: Erstaunliche Feststellung 105
Adele Schreiber: Tempora mutantur 106
Wilhelm Busch: Die Liebe war nicht geringe 108
Werner Schneyder: Mein zweites Liebesgedicht 108
Theodor Fontane: Wurzels 109
Kurt Tucholsky: Der andre Mann 110
Karl Kraus: Eifersucht 111
Gotthold Ephraim Lessing: Ihr Wille und sein Wille 111
Erich Kästner: Gewisse Ehepaare 112
Johann Wolfgang von Goethe:
   Gutmann und Gutweib 113
Konrad Pfeffel: Am Grab der Gattin 115
Frank Wedekind: Die böse Frau Xanthippe 115
Gotthold Ephraim Lessing: Auf Frau Trix 115
Christian Morgenstern: Brief einer Klabauterfrau 116
Gotthold Ephraim Lessing: Faustin 117
Kurt Tucholsky: Ehekrach 118

Von mir zu Tier
oder: »In den Augen meines Hundes«
Wilhelm Busch: Zu zweit 123
Friederike Kempner: Nero 123
Erich Kästner: Ein Hund hält Reden 124
Hans Sahl: Der Hund, der mich anbellt 125
Paul Scheerbart: Ein Säufertraum 125
Viktor von Scheffel: Stilleben 126

Terzett auf drei verschiedene Vögel★
  I Anna Luisa Karsch: Auf den Tod einer Nachtigall 127
  II Annette von Droste-Hülshoff: Die todte Lerche 128
  III Friederike Kempner: Von geistiger Art 129

Das liebe Fleisch
oder: Von Busen, Bissen und Küssen
  Johann Peter Uz: Ein Traum 133
  Christian Hofmann von Hofmannswaldau: An die Phillis 134
  Heinrich Mühlpfordt: Die Brüste 134
  Friedrich von Logau: Von den entblößten Brüsten 134
  e. e. cummings: mr spielen sie sich nicht so auf 135
  Heinrich Heine: Himmlisch war's, wenn ich bezwang 135
  Frank Reinhard: Nachfrage und Angebot 136
  Anne Sexton: Knielied 136
  Johann Wolfgang von Goethe: Liebebedürfnis 137
  Heinrich Heine: Mir träumte wieder der alte Traum 138
  Wilhelm Busch: Wärst du ein Bächlein, ich ein Bach 138
  Christian Felix Weisse: Der Kuß 139
  Franz Grillparzer: Kuß 139
  Erich Mühsam: Epigramm 140

Schöne Geschichten
oder: Das ist doch nicht Ihr Ernst!
  Fritz Grasshoff: Perfekter Mord 143
  Otto Heinrich Kühner: Herr Koch greift sich
    an Herrn Leitgebs Herz 144
  Friedrich Hebbel: Hexen-Ritt 145
  Anonym: »Liebchen komm . . .« (Aussteiger 1845★) 146
  Werner Dürrson: das musikalische opfer 147
  Anonym: Eskimojade 148
  Erich Kästner: Modernes Märchen 149
  Matthias Claudius: Phidile 150

Zu guter Letzt
oder: Ganz bei Troste
  Joachim Ringelnatz: Ich habe dich so lieb 155
  Sarah Kirsch: Von jetzt an teil ich mit dir 156
  Heinz Kahlau: Die Liebe ist kein Zauberstab 156
  Heinz Erhardt: Bilanz 157
  Christian Fürchtegott Gellert: Das Glück und die Liebe 158
  Wisława Szymborska: Glückliche Liebe 160
  Wilhelm Busch: Summa summarum 162

★ Titelformulierung vom Herausgeber

175